Walter Andreas Pucko

Kundenzufriedenheit in der Werbevermarktung durch Online-Werbebörsen

Eine explorative Analyse aus Sicht der Inhalteanbieter

Diplomica® Verlag GmbH

Pucko, Walter Andreas: Kundenzufriedenheit in der Werbevermarktung durch Online-Werbebörsen. Eine explorative Analyse aus Sicht der Inhalteanbieter, Hamburg, Diplomica Verlag GmbH 2010

ISBN: 978-3-8366-9648-7
Druck: Diplomica® Verlag GmbH, Hamburg, 2010

Bibliografische Information der Deutschen Nationalbibliothek:
Die Deutsche Nationalbibliothek verzeichnet diese Publikation in der Deutschen Nationalbibliografie; detaillierte bibliografische Daten sind im Internet über http://dnb.d-nb.de abrufbar.

Die digitale Ausgabe (eBook-Ausgabe) dieses Titels trägt die ISBN 978-3-8366-4648-2 und kann über den Handel oder den Verlag bezogen werden.

Dieses Werk ist urheberrechtlich geschützt. Die dadurch begründeten Rechte, insbesondere die der Übersetzung, des Nachdrucks, des Vortrags, der Entnahme von Abbildungen und Tabellen, der Funksendung, der Mikroverfilmung oder der Vervielfältigung auf anderen Wegen und der Speicherung in Datenverarbeitungsanlagen, bleiben, auch bei nur auszugsweiser Verwertung, vorbehalten. Eine Vervielfältigung dieses Werkes oder von Teilen dieses Werkes ist auch im Einzelfall nur in den Grenzen der gesetzlichen Bestimmungen des Urheberrechtsgesetzes der Bundesrepublik Deutschland in der jeweils geltenden Fassung zulässig. Sie ist grundsätzlich vergütungspflichtig. Zuwiderhandlungen unterliegen den Strafbestimmungen des Urheberrechtes.

Die Wiedergabe von Gebrauchsnamen, Handelsnamen, Warenbezeichnungen usw. in diesem Werk berechtigt auch ohne besondere Kennzeichnung nicht zu der Annahme, dass solche Namen im Sinne der Warenzeichen- und Markenschutz-Gesetzgebung als frei zu betrachten wären und daher von jedermann benutzt werden dürften.

Die Informationen in diesem Werk wurden mit Sorgfalt erarbeitet. Dennoch können Fehler nicht vollständig ausgeschlossen werden, und der Diplomica Verlag, die Autoren oder Übersetzer übernehmen keine juristische Verantwortung oder irgendeine Haftung für evtl. verbliebene fehlerhafte Angaben und deren Folgen.

© Diplomica Verlag GmbH
http://www.diplomica-verlag.de, Hamburg 2010
Printed in Germany

Inhaltsverzeichnis

Abbildungsverzeichnis   III

Tabellenverzeichnis   IV

Abkürzungsverzeichnis   V

Abstract   VI

1 Thematische Einführung   1
    1.1 Einleitung 1
    1.2 Problemstellung und Zielsetzung 3
    1.3 Methodik und Aufbau der Studie 4

2 Definition und Begriffsabgrenzung   6
    2.1 Kundenzufriedenheit 6
    2.2 Online-Werbung 6
    2.3 Begriffsbestimmung und Merkmale der Online-Werbevermarktung 7
       2.3.1 Grafische Werbung auf Internetseiten 8
       2.3.2 Unterscheidung von grafischer Werbung und Suchwortwerbung 8
    2.4 Begriffsbestimmung und Merkmale von Online-Werbebörsen 10
       2.4.1 Beteiligte Parteien und deren Beziehungszusammenhänge 10
       2.4.2 Abgrenzung Werbebörse gegenüber Werbenetzwerk 12
       2.4.3 Wichtige Merkmale einer Online-Werbebörse 12

3 Charakteristika transparenter Online-Werbebörsen   14
    3.1 Allgemeine Betrachtung 14
    3.2 Betreibermodell 16
    3.3 Senkung der Transaktionskosten durch Automatisierung 16
    3.4 Preissteigerung durch Behavioral-Targeting 17
    3.5 Preisbestimmung durch Auktionierung 19
    3.6 Markttransparenz 19

4 Theoretischer Bezugsrahmen   21
    4.1 Kundenzufriedenheitsforschung 21
       4.1.1 Das Confirmation/Disconfirmation-Paradigma 22
       4.1.2 Die Motivator-Hygiene Theorie 24
       4.1.3 Das Kano-Modell der Kundenzufriedenheit 25
       4.1.4 Methodik von Kundenzufriedenheitsmessungen 30
       4.1.5 Vergleich ausgewählter Kundenzufriedenheitsstudien 32
       4.1.6 Auswirkungen von Kunden(un)zufriedenheit auf die Wechselbereitschaft von Bestandskunden 34

	4.2	Exkurs: Erfolgsfaktorenforschung	35
	4.3	Literaturanalyse	37

5 Entwicklung eines Kundenzufriedenheitsmodells für Online-Werbebörsen   39
    5.1 Methodik und Konzeption 39
    5.2 Herleitung der Leistungsparameter 40
    5.3 Ermittlung der Kundenzufriedenheitskriterien 43
    5.4 Entwicklung des Fragebogens 46
    5.5 Ableitung des Kundenzufriedenheitsmodells 47

6 Empirische Untersuchung   49
    6.1 Datenerhebung 49
    6.2 Charakterisierung der Stichprobe 49
    6.3 Auswertung der Untersuchung 51
    6.4 Interpretation der Ergebnisse 54

7 Schlussbetrachtung   58
    7.1 Schlussfolgerung 58
    7.2 Ausblick und Handlungsempfehlungen 59
    7.3 Weiterführende Fragen 59

A Anhang: Interviewleitfaden   60

B Anhang: Fragebogen   61

C Anhang: Transkription   70

D Literatur   79

Abbildungsverzeichnis

Abb. 1-1	Aufbau der Studie	5
Abb. 2-1	Vergleich Medienanteile an Nutzung und Werbemarkt in Prozent	7
Abb. 2-2	Markenbildung mittels grafischer Werbung	9
Abb. 2-3	Suchwortwerbung im Web 2.0 Bereich	10
Abb. 2-4	Beteiligte Parteien bei der Vermarktung durch Online-Werbebörsen	11
Abb. 2-5	Wirkungszusammenhänge im Umfeld einer Online-Werbebörse	12
Abb. 4-1	Das Prinzip des CD-Paradigma	23
Abb. 4-2	Die Motivator-Hygiene Theorie	25
Abb. 4-3	Das Kano-Modell der Kundenzufriedenheit	26
Abb. 4-4	Systematisierung von Verfahren zur Messung der Kundenzufriedenheit	31
Abb. 4-5	Mögliche Reaktionen einzelner Kunden auf (Un)zufriedenheit.	34
Abb. 5-1	Modell der Kundenzufriedenheit bei der Online-Vermarktung	47
Abb. 6-1	Mittelwerte bei der Befragung der KZu.	56
Abb. 6-2	Einfluss der Leistungsmerkmale auf die Kundenzufriedenheit	57

Tabellenverzeichnis

Tab. 4-1	Gegenüberstellung einzelner Kundenzufriedenheitstheorien	22
Tab. 4-2	Funktionale und dysfunktionale Frage im Kano-Fragebogen	28
Tab. 4-3	Die Kano-Auswertungstabelle	29
Tab. 4-4	Bestandsaufnahme ausgewählter Kundenzufriedenheitsstudien	33
Tab. 4-5	Bestandsaufnahme der Erfolgsfaktorenstudien zum E-Commerce	37
Tab. 5-6	Ermittelte Leistungsparameter für eine OWB	42
Tab. 5-7	Leistungsparameter für OWB's und deren Kundenzufriedenheitskriterien	43
Tab. 6-8	Demographische Charakteristika der Stichprobe	50
Tab. 6-9	Auswertung der Befragung nach der Kano-Methode	52
Tab. 6-10	CS-Koeffizient für die einzelnen Kundenzufriedenheitskriterien einer OWB	53
Tab. 6-11	Auswertung der Anforderungskategorien einer OWB	54
Tab. C-12	Transkription der qualitativen Befragung für Leistungsparameter K1	70
Tab. C-13	Transkription der qualitativen Befragung für Leistungsparameter K2	71
Tab. C-14	Transkription der qualitativen Befragung für Leistungsparameter K3	72
Tab. C-15	Transkription der qualitativen Befragung für Leistungsparameter K4	73
Tab. C-16	Transkription der qualitativen Befragung für Leistungsparameter K5	74
Tab. C-17	Transkription der qualitativen Befragung für Leistungsparameter K6	75
Tab. C-18	Transkription der qualitativen Befragung für Leistungsparameter K7	76
Tab. C-19	Transkription der qualitativen Befragung für Leistungsparameter K8	77
Tab. C-20	Transkription der qualitativen Befragung für Leistungsparameter K9	78

Abkürzungsverzeichnis

B2B	Business-to-Business
B2C	Business-to-Consumer
BT	Behavioral Targeting
C/D-Paradigma	Confirmation/Disconfirmation-Paradigma
CS-Koeffizient	Zufriedenheitsstiftungskoeffizient
DDI	Dissatisfaction Decrement Index
IAB	Interactive Advertising Bureau
M/H-Theorie	Motivator/Hygiene-Theorie
OWB	Online-Werbebörse
PaaV	Performance als abhängige Variable
PIMS-Programm	Profit Impact of Marketing Strategies Programm
QFD	Quality Function Deployment
ROI	Return on Investment
SII	Satisfaction Increment Index
SRD	Success Resource Deployment
TKP	Tausend-Kontakt-Preis
USP	Unique Selling Proposition
WWW	World Wide Web

Abstract

As advertisement revenue inside the online sector soars, new ways of monetizing have appeared. Online-Ad-Exchanges take a new approach in creating a transparent market place for advertisement inventory. Customer satisfaction is an important goal for those players who want to set themselves ahead of the competition in the long run. This Master's Thesis takes a deep insight into Ad-Exchanges as intermediaries and builds a theoretic model based on customer satisfaction. Within an exploratory empirical study performance parameters for Ad-Exchanges are determined and tested with the help of a survey based on Kano's model of customer satisfaction. The results show that smaller publishers are more likely to switch from their current intermediary to new more promising models of monetizing their online inventory.

1 Thematische Einführung

1.1 Einleitung

„Jemand mit einer neuen Idee gilt so lange als Spinner, bis sich die Sache durchgesetzt hat." (Mark Twain, 1895)

Unter Online-Werbebörsen sind Vermarktungsplattformen im Internet zu verstehen, die Angebot und Nachfrage von Werbung, innerhalb eines elektronischen Marktplatzes zusammenführen. Bereits in den späten 90er Jahren des letzten Jahrhunderts wurden Online-Werbebörsen, welche sich an den Prinzipien von Aktienbörsen orientieren, entwickelt und am Markt eingeführt.[1] Laut einer Studie aus dem Jahr 2001, konnten sich fast die Hälfte der Befragten Werbeetatverantwortlichen jedoch nicht vorstellen, jemals für den Einkauf von Werbeleistung eine automatisierte Plattform im Internet zu verwenden.[2] Das Prinzip der Online-Werbebörse (OWB) konnte sich damals nicht durchsetzen, mitunter auch aus Gründen mangelnder Effizienz der Internet-Werbung wie in einigen Studien nachgewiesen wurde.[3] Ein knappes Jahrzehnt später steht das World Wide Web (WWW) wieder im Blickfeld von Werbestrategen. Eine massive Verbesserung der Zugangsbedingungen zum Internet,[4] sowie das Erreichen einer kritischen Masse an Benutzern hat dem Medium Internet zum Durchbruch verholfen.

Die Werbeindustrie folgt den Nutzern nun zunehmend mit den Werbegeldern ihrer Kunden in das WWW. Die Online-Bruttowerbeaufwendungen in Deutschland für das Gesamtjahr 2006 betrugen 1,9 Milliarden Euro, mit einem Wachstum gegenüber den Vorjahresumsätzen um 64 Prozent.[5] Hierbei verteilt sich dieses Budget momentan auf zwei Hauptsektoren. Werbung die bei Suchmaschinen neben den Suchwortergebnissen zu finden ist, sowie grafische Werbung, die neben klassischen Inhalten wie beispielsweise Artikeln angezeigt wird.

Die Suchwortwerbung hat in den letzten Jahren das Wachstum im Online-Marketing hauptsächlich getragen.[6] Bedenkt man, dass Internetnutzer lediglich fünf Prozent Ihrer Online-Zeit mit der Suche verbringen,[7] erschließt sich ein riesiger Markt für die grafische Werbung. Studien belegen, dass grafische Werbung auf das Kaufverhalten des Nutzers

---

[1] Vgl. Forkan (2000), S. 66.
[2] Vgl. Jenkins (2001), S. 17.
[3] Vgl. Dai/Piron (2002), S. 388.
[4] Vgl. Huber (2004), S. 20.
[5] Vgl. OVK (2007), S. 4.
[6] Vgl. Schmidt (2007a), S. 66.
[7] Vgl. Sloan (2007), S. 1.

im Internet einen wesentlichen Einfluss ausüben kann.[8] Dadurch erschließt sich ein hohes Potential für OWB zur Abschöpfung der Werbegelder mittels gezielter grafischer Werbung.

Das Marktsegment der Suchwortwerbung ist weitestgehend unter den großen Suchmaschinenanbietern, wie beispielsweise Google, aufgeteilt. Anders verhält es sich mit der klassischen grafischen Werbung.[9] Der Markt ist hier stark fragmentiert und gekennzeichnet durch eine Vielzahl von Werbenetzwerken, welche die Werbung Ihrer Kunden auf die Werbeflächen der beteiligten Internetseiten ausliefern und systematisch verteilen. Werbenetzwerke stellen eine Art hybriden Vertrieb dar. Einerseits sorgen automatisierte Systeme für eine effektive Auslieferung der Werbung, die Kundenakquise und Vertragsgestaltung erfolgt aber manuell mit Hilfe von Vertriebsmitarbeitern. Bedingt durch die hohen Kosten im Vertrieb sind die Vermarkter darauf angewiesen Internetseiten als Partner zu gewinnen die eine hohe Reichweite erzielen, da nur eine bestimmte Anzahl an Kunden pro Mitarbeiter abgedeckt werden kann.

Die momentane Entwicklung des WWW geht hingegen stark in Richtung einer Granularität des Inhalteangebots.[10] Der Begriff *Long Tail* wurde von Anderson eingeführt und kennzeichnet eine hohe Nachfrage nach wenigen Produkten, den Top-Sellern, und einer bemerkenswert hohen asymptotisch verlaufenden Nachfragemenge nach stark individuellen Produkten. Es entstehen gegenwärtig immer mehr Internetseiten, während das Wachstum der Nutzungsdauer pro Anwender sowie der Anteil der Bevölkerung mit Zugang zum Internet sich innerhalb des amerikanischen sowie europäischen Marktes in einer Sättigungsphase befinden und nur noch moderates Wachstum aufzeigen.[11] Da traditionelle Werbenetzwerke sich aus den zuvor genannten Gründen auf Reichweitenstarke Internetseiten, die Top-Seller, konzentrieren müssen und das Angebot beschränkt ist, steigt der Preis für diese Werbeflächen stark an. Internetseiten mit geringer Reichweite, dem Long Tail, stehen dagegen geringe Vergütungsmöglichkeiten gegenüber.

Getragen von den oben aufgeführten Faktoren und einem starken Innovationsdruck der Branche entstehen neben den traditionellen Werbenetzwerken transparente voll automatisierte OWB's. Diese werden momentan dazu genutzt, Restwerbeflächen reichweitenstarker Internetseiten automatisiert zu vermarkten.[12] Mittels einer OWB ist es ebenfalls möglich, reichweitenschwache Internetseiten zu monetarisieren. OWB's existieren bereits in verschiedenen Ausprägungen und Varianten. Allen gemein ist die Eigenschaft über Internetseiten hinweg Zielgruppen effizient zu bündeln und somit Streuverluste zu

---

[8] Vgl. Manchanda et al. (2006), S. 98 ff..
[9] Vgl. Guth/Delaney (2007), S. B1.
[10] Vgl. Anderson (2007), S. 8.
[11] Vgl. Schöllkopf (2007), S. 1.
[12] Vgl. Guth/Delaney (2007), S. B2.

verringern. Kapitel 3 auf Seite 14 geht näher auf die Funktionsweisen und Alleinstellungsmerkmale von OWB's ein.

Im Zusammenhang mit der bereits erwähnten Fragmentierung des Marktes und der Granularität des Angebots ergibt sich die Problematik der kritischen Masse der Zielgruppe. OWB's sind in ihrem Wesen nur funktionsfähig, wenn eine Mindestmenge an Reichweite zu einer gewünschten Zielgruppe vorhanden ist. Typische Reichweitenminderungseffekte, wie ein gezieltes Ansprechen von genau definierten Personengruppen, verstärkt diese Problematik zunehmend.[13] Es existieren bereits erste Ansätze des Versuchs einer Reichweitenverlängerung mittels eines Verfahrens zur Analyse des Nutzerverhaltens, Behavioral Targeting (BT).[14] Fraglich jedoch ist die Akzeptanz der Inhalteanbieter im Long Tail Ihre Werbeflächen einzustellen. Diese werden zum großen Teil von dem marktführenden Unternehmen Google Inc. vermarktet, so dass im Falle eines Scheiterns erhebliche Einnahmeverluste zu befürchten sind.

1.2 Problemstellung und Zielsetzung

Untersuchungsmotivation ist der momentane Trend in der Online-Werbebranche, hin zu einer vollautomatisierten Vermarktung durch transparente OWB.[15] Traditionelle Werbenetzwerke stehen zunehmend einer Konkurrenz gegenüber, deren Geschäftsmodell keine Vertriebsmitarbeiter mehr vorsieht und somit der steigenden Granularität des Informationsangebots im Internet Rechnung trägt.[16] Die Systeme einer OWB können durch ihre hohe Skalierbarkeit eine sehr große Anzahl an Marktteilnehmern zusammenbringen, unabhängig von deren Reichweite. Fraglich ist hierbei jedoch wie sich die Einführung solcher Systeme auf die Zufriedenheit der Inhalteanbieter, die Kunden der OWB sind, auswirkt.

Untersuchungsgegenstand ist somit die Kundenzufriedenheit bei der Werbevermarktung durch OWB's zur Vermarktung von Werbeflächen reichweitenschwacher Internetseiten. Hierbei werden traditionelle Werbenetzwerke betrachtet, da bedingt durch die hohe Aktualität es bislang sehr wenige Inhalteanbieter gibt die durch OWB vermarktet werden. Teil der vorliegenden Studie ist eine qualitative Befragung mit dem Untersuchungsziel, die Zufriedenheitstreiber insbesondere reichweitenschwacher Inhalteanbieter bei einer potentiellen Vermarktung durch OWB's zu identifizieren. Die Substitutionsbereitschaft der vorhandenen Werbevermarkter durch die Inhalteanbieter ist hierbei der wichtigste betrachtete Einflussfaktor innerhalb dieser Untersuchung.

---

[13] Unter Reichweitenminderung ist eine Einschränkung der zu erreichende Zahl an Internetnutzern, aus der Grundgesamtheit eines Angebotes zu verstehen.

[14] Vgl. Schmidt (2007a), S. 19.

[15] Vgl. Guth/Delaney (2007), S. B2.

[16] Vgl. Klaassen (2007a), S. 36, sowie Anderson (2007), S. 17 ff..

Der Fokus dieser Studie liegt in der Ermittlung der Kundenzufriedenheit in OWB-typischen Ausprägungen der Werbevermarktung, um Rückschlüsse auf die zuvor genannten Substitutionsbereitschaft schließen zu können. Essentielle Leistungsparameter einer OWB sollen ermittelt und mittels daraus abgeleiteter Kundenzufriedenheitskriterien die momentane Kundenzufriedenheit bei traditionellen Werbenetzwerken an diesen Punkten erforscht werden. Aus den so gewonnenen Erkenntnissen sollen abschließend Handlungsempfehlungen für die Entwicklung zukünftiger OWB abgeleitet werden.

Die zentralen Forschungsfragen dieser Studie sind somit:

F1 Welche Leistungsmerkmale von Werbevermarktungsplattformen sind für die Kundenzufriedenheitsstiftung von besonderer Bedeutung?

F2 Welche Leistungsmerkmale sind maßgeblich für die Wechselbereitschaft von reichweitenschwachen Inhalteanbietern hin zu OWB's?

Darüber hinaus lassen sich die folgenden Fragestellungen ableiten:

F3 Liegt bei traditionellen Werbenetzwerken innerhalb OWB-typischer Leistungsmerkmale eine ausreichend hohe Kundenzufriedenheit vor, um ein Abwandern der Kunden zu transparenten Werbebörsen zu verhindern?

F4 Sind Betreiber reichweitenschwacher Internetseiten mit der Vermarktung ihrer Inhalte unzufriedener, als die Betreiber reichweitenstarker Internetseiten?

1.3 Methodik und Aufbau der Studie

Die Studie gliedert sich in sieben Kapitel. Kapitel 1 zeigt nach Erläuterung der Problemstellung die Motivationsgründe für die Erstellung der Studie auf und bestimmt deren Ziele. Es gibt einen groben Überblick über das Themengebiet von OWB. Im folgenden Kapitel 2 soll das Themengebiet genauer definiert werden. Wichtige Begrifflichkeiten werden eingeführt und klar abgegrenzt. Zum besseren Verständnis des Themas wird im Rahmen der Definition und Abgrenzung auch eine Verdeutlichung der Wirkungszusammenhänge in der Online-Werbebranche, sowie speziell im Bezug auf OWB gegeben. Kapitel 3 geht tiefer in die Funktionsweise von OWB ein und beleuchtet das Betreibermodell. Es zeigt die wichtigsten Merkmale und Funktionsweisen bei der Vermarktung durch OWB. Dieses Kapitel soll ebenfalls ein Gefühl für das mögliche Potential dieser Vermarktungsform vermitteln. Das nächste Kapitel 4 bettet die vorliegende Studie in einen theoretischen Bezugsrahmen ein. Zunächst erfolgt ein Überblick über Theorien im Bereich der Kundenzufriedenheitsforschung. Es folgt eine genauere Betrachtung der Kano-Methode die für diese Studie eine wesentliche theoretische Grundlage bietet. Mögliche Auswirkungen der Kunden(un)zufriedenheit werden erörtert und einige Studien zur Kundenzufriedenheit gegenübergestellt. Ein Exkurs zur Erfolgsfaktorenforschung schließt das Kapitel 4 ab. Mit

Hilfe des theoretischen Bezugsrahmens wird in Kapitel 5 ein eigenes Kundenzufriedenheitsmodell entwickelt, das zunächst die wichtigen Leistungsmerkmale einer OWB durch Literaturanalyse erörtert. In Kapitel 6 sollen die erlangten Erkenntnisse aus Kapitel 2.4, in Zusammenhang mit dem Kundenzufriedenheitsmodell aus Kapitel 5, durch eine qualitative Befragung der Zielgruppe verifiziert werden. Es folgt eine Analyse der Umfrageergebnisse und deren Interpretation. Das Kapitel 7 schließt die Studie mit einem Resümé und einem Ausblick ab. Es zeigt mögliche offene Punkte, die weitere Forschungsarbeit benötigen. Abb. 1-1 illustriert den Aufbau und Gang der vorliegenden Studie.

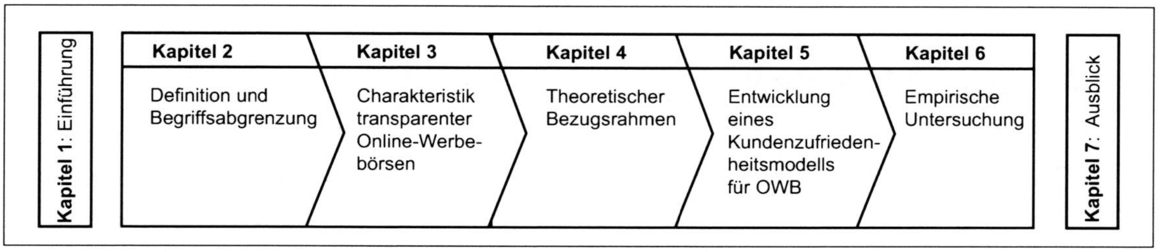

Kapitel 1: Einführung	Kapitel 2	Kapitel 3	Kapitel 4	Kapitel 5	Kapitel 6	Kapitel 7: Ausblick
	Definition und Begriffsabgrenzung	Charakteristik transparenter Online-Werbebörsen	Theoretischer Bezugsrahmen	Entwicklung eines Kundenzufriedenheitsmodells für OWB	Empirische Untersuchung	

Abb. 1-1: Aufbau der Studie.

2 Definition und Begriffsabgrenzung

In Kapitel 2 erfolgt zunächst eine Definition des Konstrukts Kundenzufriedenheit. Es Folgt eine grundlegende Betrachtung von Prinzipien der Online-Werbung sowie in diesem Zusammenhang eine Erläuterung der Werbevermarktung von Online-Medien. Darauf aufbauend wird das Betreibermodell von OWB' dargestellt und gegenüber traditionellen Werbenetzwerken abgegrenzt.

2.1 Kundenzufriedenheit

Der Begriff der Kundenzufriedenheit wird in der Literatur im Hinblick auf die begriffliche Konkretisierung vielfach unterschiedlich abgegrenzt.[17] Im Wesentlichen wird eine subjektive Empfindung des Kunden bzgl. seiner Erwartungshaltung und der erlebten Leistung beschrieben. Vielfach wird von einem Konstrukt der Kundenzufriedenheit gesprochen, da es sich um einen nicht beobachtbaren Sachverhalt handelt welcher nur durch Indikatoren erschlossen werden kann. In der vorliegenden Studie wird das Konstrukt Kundenzufriedenheit als subjektiver Eindruck zwischen Erwartungs- und Erlebnishaltung eines Kunden sowie Vertriebspartners verstanden. Im Hinblick auf die Entstehung der Kundenzufriedenheit ist der Vergleichsstandard von entscheidender Bedeutung.[18] Laut Kaiser basiert dieser zum überwiegenden Teil auf früheren Erfahrungen. Diesem Umstand wird innerhalb dieser Untersuchung durch die besondere Beachtung der bereits erlebten Vermarktungserfahrungen befragter Inhalteanbieter Rechnung getragen.

2.2 Online-Werbung

Die Werbung ist eine Instrument der Kommunikationspolitik des Marketings.[19] Sie umfasst die absatzpolitischen Zwecken dienende, absichtliche und zwangfreie Kundenbeeinflussung mit Hilfe spezieller Kommunikationsmittel.[20] Unter Online-Werbung wird auf der vorherigen Definition aufbauend, die Platzierung von Werbemitteln im WWW zur Unterstützung von Marketing- und Kommunikationszielen verstanden.[21] Hauptaufgabe der Online-Werbung ist somit, Zielmärkte sowie Kunden zu erreichen.[22] In der vorliegenden

---

[17] Vgl. Kaiser (2006), S. 37.

[18] Vgl. Kaiser (2006), S. 44 f.

[19] Vgl. Pispers/Riehl (1997), S. 31.

[20] Vgl. Meffert/Bolz (1998), S. 194.

[21] Vgl. Lammenett (2006), S. 122.

[22] Vgl. Kotler/Keller (2006), S. 5.

Studie werden keine anderen Maßnahmen zum Zwecke des Marketings im Internet behandelt.[23]

Lammenett[24] erweitert den klassischen 4P Marketing-Mix um einen Online-Marketing-Mix, welcher gekennzeichnet ist von sechs unterschiedlichen Marketing-Instrumenten. Die Suchwortwerbung, sowie die grafische Werbung sind jeweils ein Teil dieser Zusammenstellung. Im Folgenden liegt der Schwerpunkt auf der grafischen Werbung als bevorzugtem Werbemittel von OWB's.

2.3 Begriffsbestimmung und Merkmale der Online-Werbevermarktung

Gegenwärtig ist die wichtigste Erlösquelle im Internet die Werbefinanzierung.[25] Die Werbeumsätze im Internet sind seit Jahren extrem stark steigend, während der traditionelle Werbemarkt in den letzten Jahren bestenfalls stagnierte. Im Jahr 2005 hat das Internet erstmalig das Radio als viert größten Werbeträger abgelöst. Abb. 2-1 verdeutlicht den Anteil der Mediennutzung innerhalb der Bevölkerung in Deutschland und zeigt den Anteil der Werbeumsätze der jeweiligen Medien.

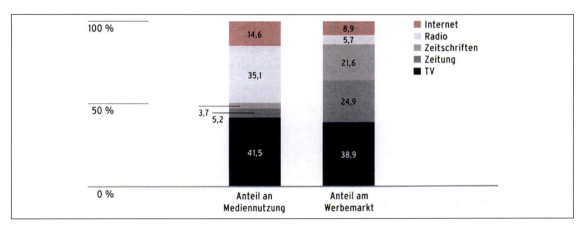

Abb. 2-1: Vergleich Medienanteile an Nutzung und Werbemarkt in Prozent.
Quelle: Nielsen-Media-Research (2006)

In diesem Zusammenhang behandelt die vorliegende Studie im Rahmen der Betrachtung von OWB die Monetarisierung der Werbeflächen von themenspezifischen Internetportalen im WWW. Unter Werbevermarktung ist diesbezüglich der Verkauf dieser Werbeflächen zu verstehen.

---

[23] In einigen Literaturquellen werden beispielsweise auch E-Mail-Marketing unter dem Begriff „Online-Werbung" subsumiert. Nach Lammenett (2006) ist dies aber nicht korrekt.

[24] Vgl. Lammenett (2006), S. 18.

[25] Vgl. Zerdick/Picot (2001), S. 167.

2.3.1 Grafische Werbung auf Internetseiten

Unter dem Begriff „Grafische Werbung", sind im Rahmen dieser Studie Werbemittel im WWW zu verstehen. Grundsätzlich lässt sich dieses Werbemittel mit dem Begriff „Banner" kennzeichnen. Banner sind in vielerlei Form vertreten. Das Interactive Advertising Bureau (IAB)[26] definiert Standardgrößen, um die Vermarktung, sowie Preisfindung zu erleichtern. Abb. 2-2 zeigt die Reise-Community „GLOBOsapiens", welche vom Reisebuchungsportal „Expedia" als Werbeträger genutzt wird, um die Marke „Expedia" zu stärken sowie Besucher zum Buchungsportal zu transferieren. Das Werbemittel besteht aus einem kombinierten Werbebanner welches sich im oberen Teil aus einem IAB-Leaderboard und im rechten Teil aus einem IAB-Wide-Skyscraper zusammensetzt.

Die grafische Werbung hat signifikante Auswirkungen auf das Kaufverhalten im Internet.[27] Momentan ist ein starker Trend in Richtung dieser Werbeform zu verzeichnen.[28] Bei grafischen Werbebannern ist die grafische Komponente als Stimulator zum Provozieren von bevorzugten Reaktionen der Zielgruppe im Hinblick auf das Surfverhalten von entscheidender Bedeutung.[29]

2.3.2 Unterscheidung von grafischer Werbung und Suchwortwerbung

Prinzipiell ist Suchwortwerbung nutzerinitiiert, wohingegen grafische Werbung vom Inhalt bestimmt wird. Werbewirkungsforschungen haben gezeigt, dass nutzerinitiierte Werbung effektiver ist.[30] BT verringert diesen Vorteil der Suchwortwerbung, da wie in Kapitel 3.4 beschrieben, das Verhalten des Nutzers mit in die Auswahl des Werbemittels einbezogen wird. Einer der Hauptvorteile der Suchwortwerbung gegenüber der grafischen Werbung ist der Umstand, dass Keyword-Advertising in der Regel kurzfristig buchbar und innerhalb weniger Stunden einsatzbereit ist.[31] Online-Werbebörsen egalisieren diesen Vorteil.

Das Suchwort-Marketing weist ein performancebasiertes Vergütungsmodell auf, es fließen also nur Werbegelder wenn ein Nutzer, der Werbung durch einen Klick folgt, bzw. eine gewünschte Transaktion tätigt. Dieses Modell ist wegen zahlreicher Betrugsversuche nicht unumstritten.[32] Bei der grafischen Werbung hingegen wird hauptsächlich auf

---

[26] http://www.iab.net

[27] Vgl. Manchanda et al. (2006), S. 106.

[28] Vgl. Schmidt (2007b), S. 13.

[29] Vgl. Luk/Chan/Li (2002), S. 710.

[30] Vgl. Sohn/Jee (2005), S. 436.

[31] Vgl. Lammenett (2006), S. 91.

[32] Zum einen können Wettbewerber versuchen das gesetzte Tageswerbebudget eines Konkurrenten durch gezielte Klicks „leer zu kaufen", und zum anderen treiben unseriöse Betreiber von Partnerseiten dieser Netzwerke, die Kosten durch beauftragte Klicks in die Höhe. Vgl. hierzu Economist (2006b), Economist (2006a), sowie Lammenett (2006), S. 103.

Tausend-Kontakt-Preis (TKP) zurückgegriffen, da ein nicht zu vernachlässigender Markenbildungseffekt zu verzeichnen ist.[33] Abb. 2-2 veranschaulicht den Effekt der Markenbildung.

Abb. 2-2: Markenbildung mittels grafischer Werbung.
Quelle: GLOBOsapiens (2005)

Unter Suchwort-Marketing lässt sich auch eine kontextsensitive Einblendung von Werbebotschaften auf Partnerseiten von Werbenetzwerken verstehen. Das Unternehmen Google inc. betreibt beispielsweise ein solches Programm mit dem Namen *AdSense*. Abb. 2-3 zeigt das Kleinanzeigenportal „findix" welches zahlreiche Suchwortwerbemöglichkeiten aufweist. Im Beispiel ist die Suche eines Nutzers nach dem Suchbegriff „Vespa Roller" zu sehen. Im Suchergebnis direkt darunter sind Angebote von Werbekunden zuerst gelistet, bevor mit den sogenannten „organischen Ergebnissen"[34] Treffer aus dem Inhalteangebot von findix angezeigt werden. Diese Werbeeinblendungen werden von einem Netzwerk, welches ähnliche Strukturen wie eine OWB aufweist unmittelbar angezeigt. Im Bereich rechts daneben findet sich das angesprochene AdSense-Programm, welches ebenfalls Suchwortrelevante Ergebnisse anzeigt.

---

[33] Luk/Chan/Li (2002), S. 706.

[34] Vgl. Hotchkiss (2003), S. 15.

Abb. 2-3: Suchwortwerbung im Web 2.0 Bereich.
Quelle: Findix (2007)

2.4 Begriffsbestimmung und Merkmale von Online-Werbebörsen

Unter einer OWB ist eine webbasierte transaktions-management Anwendung zu verstehen, welche Angebot und Nachfrage von Werbeleistung innerhalb eines auktionsbasierten elektronischen Marktplatzes zusammenführt.[35] Dabei ist es prinzipiell nicht von entscheidender Bedeutung, ob es sich um Werbeleistung im Internet, oder in anderen Medien handelt. Gegenwärtig laufen Pilotversuche, Radio- sowie Fernsehwerbung über Online-Werbebörsen zu handeln.[36] Entscheidend ist jedoch die Abwicklung des gesamten Geschäftsprozesses über das Medium Internet. In dieser Studie sollen lediglich Online-Werbebörsen als Vermarktungsplattform für Werbeflächen im WWW betrachtet werden.

2.4.1 Beteiligte Parteien und deren Beziehungszusammenhänge

Abb. 2-4 visualisiert den Zusammenhang der beteiligten Parteien. Im Mittelpunkt des gesamten Systems steht die OWB, welche das Angebot von Werbefläche des Kunden 1

---

[35] Vgl. Guth/Delaney (2007, B1). Der Oberbegriff „Börse" wird von Vulkan (2005, 195) als einen ökonomischen Mechanismus, der Käufer und Verkäufer zusammenbringt definiert.

[36] Vgl. Vranica (2007).

mit der Nachfrage nach Werbeleistung des Kunden 2 zusammenführt. Der Internetsurfer hat keinen spürbaren Kontakt mit der OWB, wohl aber mit dem Inhalteanbieter. Die Werbefläche wird vom ihm zur Verfügung gestellt und von der OWB mit einem Werbemittel, dem Banner, gefüllt. Der Werbetreibende ist daran interessiert den Internetsurfer auf seine Marke aufmerksam zu machen, oder aber ihn auf eine bestimmte Zielseite zu transferieren.[37] Dem Inhalteanbieter kommt im Bezug auf OWB eine Doppelrolle zu. Er ist sowohl Lieferant von Werbefläche, als auch Kunde der OWB, da er deren Dienstleistung in Anspruch nimmt.[38] In der vorliegenden Studie ist wenn vom Kunden gesprochen wird, der Inhalteanbieter gemeint. Um eine Bearbeitung im vorgegebenen Rahmen zu ermöglichen, wird lediglich die Kundenzufriedenheit aus der Sicht der Inhalteanbieter untersucht. Eine Betrachtung aus der Sicht des Werbetreibenden erfolgt nicht.

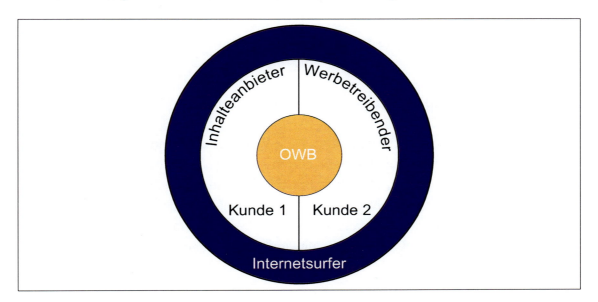

Abb. 2-4: Beteiligte Parteien bei der Vermarktung durch Online-Werbebörsen.

Abb. 2-5 illustriert die Wirkungszusammenhänge der beteiligten Parteien. Die OWB fungiert zunächst als Marktplatz und bringt Angebot und Nachfrage nach Werbefläche zusammen. Das Geld der Werbetreibenden zur Vergütung der Dienstleistung der OWB, sowie für die Werbefläche, wird vom Werbetreibenden an die OWB gegeben. Diese behällt eine Provision ein und vergütet nach einem zeitlichen Verzug den Inhalteanbieter mit seinem Anteil. Es folgt die Auslieferung der Werbung welches durch Server der OWB geschieht. Die Werbemittel werden auf den Werbeträger des Inhalteanbieters (seine Internetseite) ausgeliefert und der Aufmerksamkeit des Internetsurfers ausgesetzt. Handelt es sich bei der Werbung um eine Klickkampagne, so ist das Ziel einen Teil der Internetsufer auf ein zuvor spezifizierte Objekt des Werbetreibenden zu transferieren. Der Werbetreibende bezahlt demnach den Inhalteanbieter für die Werbe- und Marketingleistung,

---

[37] Vgl. Lammenett (2006), S. 215.

[38] Vgl. Heilmann (2002), S. 31.

die OWB wickelt den Prozess ab und bringt beide Parteien zusammen. Dieses Wirkungsprinzip gilt auch für Werbenetzwerke, mit der Einschränkung das bei Netzwerken kein Marktplatz vorhanden ist sondern Vertriebsmitarbeiter Angebot und Nachfrage zusammenführen.

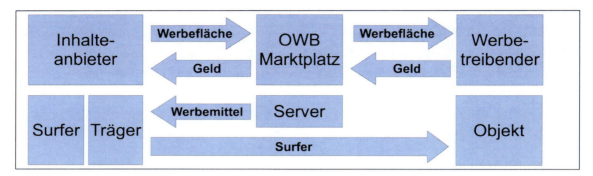

Abb. 2-5: Wirkungszusammenhänge im Umfeld einer Online-Werbebörse.

2.4.2 Abgrenzung Werbebörse gegenüber Werbenetzwerk

Traditionelle Werbenetzwerke vermarkten Online-Werbung durch eine automatisierte Verteilung der Werbemittel von Kunden auf die Werbeflächen von Partnerseiten.[39] Es findet keinerlei Geschäftsanbahnung statt, lediglich der Auslieferungsprozess wird über Werbenetzwerke ermöglicht. Eine OWB kann als eine Erweiterung dieser Funktionalität verstanden werden. Transparente Bepreisung und ein offener neutraler Marktplatz, innerhalb dessen jeder frei kaufen und verkaufen kann, kennzeichnen eine Werbebörse.[40]

2.4.3 Wichtige Merkmale einer Online-Werbebörse

Bedingt durch den hohen Fixkostenanteil bei Informationsprodukten („First-Copy-Costs") weisen insbesondere webbasierte Informationsprodukte hohe Skaleneffekte (Economies of Scale) auf.[41] Verbunden mit internettypischen Netzwerkeffekten ergeben sich hier große Hebel, welche als Katalysatoren von reichweitenstarken Internetseiten dienen. In der Vergangenheit konnten mit dem Hintergrund der Marktmacht durch Reichweite sowie der in Kapitel 1.1 beschriebenen Nachteile der traditionellen Werbenetzwerke mit ihren hybriden Vertriebsmodellen,[42] die großen Anbieter den meisten Teil der Werbeumsätze im Internet für sich beanspruchen sowie hohe Preise durchsetzen die nahe am Reservationspreis des Kunden liegen. Die Preisfindung ist bei dieser Art der Vermarktung basierend

---

[39] Vgl. Kleindl/Theobald (2000), S. 270.

[40] Vgl. Guth/Delaney (2007), S. B2.

[41] Vgl. Zerdick/Picot (2001), S. 166.

[42] Durch den Verzicht auf Verkaufsaußendienstmitarbeiterkapazität kann man virtuelle Marktplätze sehr kosteneffizient gestalten. Vgl. Albers/Ratschow (2001), S. 618.

auf Kundengesprächen und somit dadurch eine unvollkommene Preisdiskriminierung gekennzeichnet.[43]

Bei einer OWB spezifiziert der Werbetreibende einen Preis den er für einen bestimmten Werbeplatz zu zahlen bereit ist. Beispielsweise ein Werbebanner welches an eine Frau in München, mittleren Alters ausgeliefert werden soll. Ruft nun ein Internetnutzer eine Seite auf die sich innerhalb des Partnernetzwerkes der OWB befindet und es ist ein solcher Werbeplatz zu diesem Preis verfügbar, so wird die Werbung ausgeliefert und somit für diese bestimmte Person angezeigt.[44] Kann die Werbefläche durch die OWB nicht vermarktet werden, legt der Anbieter der Werbefläche fest was damit geschehen soll. Oftmals werden so genannte „Public-Service-Ads" geschaltet die wohltätige Zwecke bewerben. Der Anbieter kann aber auch „House-Ads" als Platzhalter definieren und interne Dienstleistungen bewerben. In der Branche ist es durchaus üblich, ein Werbemittel eines konkurrierenden Netzwerkes als House-Ad zu definieren und somit durch die Restwerbefläche noch Umsatz zu generieren.

---

[43] Vgl. Pindyck/Rubinfeld (2005), S. 508.

[44] Vgl. Guth/Delaney (2007), S. B1.

3 Charakteristika transparenter Online-Werbebörsen

In einer ersten Betrachtung der Funktionsprinzipien von OWB in Kapitel 2.4 wurde die Wirkungsweisen, sowie die beteiligten Parteien aufgezeigt. Im folgenden Kapitel soll nun näher auf die Characteristika von OWB's eingegangen, sowie aktuelle Trends in diesem Marktsegment identifiziert werden.

3.1 Allgemeine Betrachtung

Zu Beginn der Kommerzialisierung des Internet wurde aufgrund des WWW vermutet, dass Vermittler in Zukunft überflüssig sein werden. Früh stellten jedoch Studien zum E-Commerce fest, dass genau das Gegenteil zu erwarten ist. Statt einer generell erwarteten Verminderung bzw. Eleminierung von Vermittlern, führt das WWW zu einer höheren Verbreitung der Vermittler (im folgenden intermediaries genannt).[45] Sarkar/Butler/Steinfield stellen fest:

> „We note that using a rational, economic logic rooted in transaction cost theory, it is equally plausible to conclude that more, rather than fewer intermediaries will be involved in electronic markets."[46]

Eine OWB nimmt in diesem Zusammenhang eine klassische Vermittlerrolle zwischen Anbieter und Nachfrager von Werbeflächen ein. Abb. 2-4 (in Kapitel 2.4.1 auf Seite 11) veranschaulicht diese Wirkungszusammenhänge. Frühe Versuche mit OWB um die Jahrtausendwende, konnten sich nicht am Markt durchsetzen.[47]

Gegenwärtig ist eine Umbruchstimmung am Markt zu beobachten. Nach dem Scheitern der ersten Start-up Unternehmen im Bereich der OWB, bewegte sich der Markt zunehmend zum Vorteil des grundlegenden Konzepts dieser Vermarktungsart. Die ökonomische Bedeutung lässt sich an den Übernahmen der letzten Monate erahnen. Das weltgrößte Internetportal Yahoo inc., übernimmt in einem Buyout die auf die Vermarktung von Restwerbeflächen spezialisierte OWB Right-Media für 680 Millionen US-Dollar.[48] Michael Walrath, der Gründer von Right-Media bemerkte in einem Interview: „There are so many options for media buyers and intermediaries that it gets very complex to manage buying and selling operations."[49] Wolrath vereinfachte diesen Handelsprozess durch seine

---

[45] Vgl. Sarkar/Butler/Steinfield (1995), S. 9.

[46] Sarkar/Butler/Steinfield (1995), S. 1.

[47] Vgl. hierzu Forkan (2001), S. 57 und Jenkins (2001), S. 17. Bemerkenswert ist hierbei die große Euphorie die kurz zuvor in diesem Bereich geherscht hat. Siehe hierzu Forkan (2000), S. 66 sowie Owens (2000), S. 39.

[48] Vgl. Kaplan (2007), S. 1.

[49] Klaassen (2007b), S. 38.

OWB. Kurz nach dem Buyout durch Yahoo, aquiriert die Microsoft corp. das auf Display-Werbung spezialisierte Unternehmen aQuantive Inc. für sechs Milliarden US-Dollar.[50] Nach einer Häufung der intermediaries in diesem Bereich, setzt nun also eine Konsolidierung ein, welche die Verknüpfung der Reichweiten innerhalb der jeweiligen Angebote beinhaltet und somit die Attraktivität für Werbekunden steigert.

Das Konzept von OWB ist nicht auf Online-Medien beschränkt. Ein vom Online-Auktionshaus eBay initiiertes Pilotprojekt „Media Marketplace" versucht eine OWB für Nischen innerhalb der Offline-Medien (ähnlich der Restwertevermarktung von Online-Werbefläche) zu etablieren.[51] Der momentane Fokus liegt auf der Vermarktung von Fernsehwerbezeit, welcher bis dato stark abhängig ist von persönlichen Beziehungen sowie ineffizienter Telefon-, Fax- und E-mail Kommunikation.[52] Die Ausweitung auf traditionelle Werbeformen erscheint insbesondere vor dem Hintergrund einer Studie aus dem Jahr 2002 interessant. Dai/Piron[53] vergleicht die Effektivität von Internetwerbung zu Werbung in traditionellen Medien und stellt fest, dass Online-Werbung im Bereich der Markenbildung, sowie der Beeinflussung der Kaufentscheidung am wenigsten effektiv ist. Die Effektivität der Werbung, also die Erreichung der gesetzten Ziele, wurde in den letzten Jahren jedoch durch neue Inovationen stark gesteigert.[54] Somit sind die Erkenntnisse von Dai/Piron vor dem Hintergrund der rasanten Entwicklung in diesem Bereich in Frage zu stellen und neu zu überprüfen. Insbesondere die Anbieter von Online-Werbung sind gezwungen einen Werbenutzen für den Konsumenten zu liefern, da der Konsument freiwillig entscheidet ob er diese betrachtet oder nicht.[55] Ist der Werbenutzen hoch, steigt auch die Effektivität. In Anbetracht der starken Umverteilung der Werbebudgets zu Gunsten des Internet scheint dieses Ziel in den letzten Jahren erreicht worden zu sein.

Die Online-Werbung hat im Vergleich zur Offline-Werbung den Vorteil der Immaterialität, da es sich um ein rein digitales Gut handelt.[56] Dadurch können Prozesse stark vereinfacht werden und es ergibt sich nicht das Problem einer Lagerhaltung. Desweiteren lässt sich bedingt durch die Immaterialität ein unmittelbares Handeln realisieren, was bei Materiellen Gütern resultierend aus der Transportzeit nicht möglich ist. Dieser Umstand wird insbesondere der Vermarktungsform einer OWB gerecht, da das Transaktionsvolumen und somit die Netzwerkeffekte leichter zu erhöhen sind. Im Grunde genommen handelt es sich bei einer OWB um eine Prozessinnovation, welche bei der Vermarktung von Immateriellen Gütern voll zum Tragen kommt.[57]

---

[50] Vgl. Sutel (2007), S. 1.

[51] Vgl. Reznolds (2006), S. 2.

[52] Vgl. Vranica (2007), S. 2.

[53] Vgl. Dai/Piron (2002), S. 395.

[54] Vgl. Guth/Delaney (2007), S. B2.

[55] Vgl. Lamprecht/Gömann (1997), S. 70.

[56] Vgl. Breithaupt (2005), S. 54.

Die hier vorliegende Studie beschränkt sich bei der Betrachtung von OWB auf die Online-Werbung. Jedoch ist das in Kapitel 5 ermittelte Kundenzufriedenheitsmodell mit Einschränkungen auch auf OWB für Offline-Werbeflächen übertragbar. Die Leistungsparameter mit Außnahme von K4 (Vollautomatisierung) gelten auch für die Vermarktung von Offline-Werbeflächen.

3.2 Betreibermodell

Eine OWB ist ein Absatzmittler im Medium Internet, im Folgenden intermediary genannt. Die Hauptaufgabe einer OWB liegt in der Anbahnung, Abwicklung und Aufrechterhaltung von Leistungsaustauschprozessen. Somit ist sie ein typisches E-Business-Unternehmen.[58] Für die Vermittlungsleistung sowie für die Infrastruktur behällt sich die OWB eine Provision ein. Generell besteht die Aufgabe einer OWB in zwei Teilen. Zum einen stellt sie einen elektronischen Marktplatz für Werbeflächen zur Verfügung, und zum anderen liefert sie die Werbung über angebundene Server aus. Im Prinzip bündelt eine OWB das Angebot sowie die Nachfrage nach Online-Werbefläche was in Abhängigkeit der Volumina sowohl preireduzierend als auch preissteigernd wirken kann.[59]

3.3 Senkung der Transaktionskosten durch Automatisierung

Ein klarer Nutzenvorteil von Internetangeboten, ist die Senkung von Transaktionskosten. Falls es gelingt, die Markttransparenz zu verbessern, läßt sich das vorhandene Potential zur Senkung von Transaktionskosten im Internet noch effizienter als bisher nutzen.[60] Dies gilt insbesondere für Such- und Vergleichskosten, Beschreibungs-, Bewertungs-, Vereinbarungs-, Abwicklungs und Kontrollkosten.[61] OWB setzen genau an diesem Punkt an. Kapitel 3.6 verdeutlicht die Prinzipien im Zusammenhang zu Markt-, sowie Preistransparenz. Das ökonomische Modell des hybriden Betriebs von Online-Werbenetzwerken, wie bereits in Kapitel 1.1 dargestellt, wird durch eine Vollautomatisierung entscheident verbessert. Generell geht es bei der Einführung elektronischer Märkte zunächst um die Steigerung der Markteffizienz (Inhalteaustausch, Preisbildung, Abwicklung, ggf. Ausdehnung der Handelszeiten). [62]

Um an einer Börse teilzunehmen, muss jemand den Marktpreis überwachen und die internen Informationen verarbeiten, die benötigt werden, um die Kaufs- bzw. Verkaufangebote

---

[57] Vgl. Wahren (2004), S. 19.

[58] Vgl. Pecha (2004), S. 9.

[59] Vgl. Heger (2003), S. 84.

[60] Vgl. Zerdick/Picot (2001), S. 155.

[61] Vgl. Hagel/Sacconaghi (1996), S. 23 ff., zitiert nach: Korb (2000), S. 20.

[62] Vgl. Lammerskötter/Klein (2001), S. 47.

zu bestimmen. Es ist deshalb im Interesse der Börse, diese Kosten für die Händler niedrig zu halten. Wenn die Börse einen großen Teil des Handelsprozesses automatisiert, zieht sie wahrscheinlich mehr Händler and, erhöht die Liquidität und wird deshalb insgesamt effizienter und profitabler.[63] Mit einer außreichenden Liquidität sowie niedrigen Transaktionskosten sind damit zwei wichtige Kriterien erfüllt die über den Erfolg von elektronischen Marktplätzen entscheiden.[64]

Bei OWB sind automatisierte Agenten für den Überwachungsprozess des Marktpreises zuständig. Vulkan stellt in experimentellen Studien fest, dass menschliche Händler mehr Zeit damit verbrachten, den Markt zu beobachten um Zeitpunkt und Größe einer Preisänderung festzulegen. Automatisierte Agenten ändern den Preis häufiger in kleinen Schritten und nähern sich dem Gleichgewichtspreis näher an.[65]

Als weiterer wichtiger Vorteil einer Automatisierung, lässt sich die Unmittelbarkeit des Zugriffs feststellen. Insbesondere die Automatisierung des Anmeldeprozesss zur Teilnahme am Markt und die damit verbundene Loslösung von Bürozeiten, sowie einer potentiellen Erweiterung des Marktes durch den damit zusammenhängenden Wegfall von Einschränkungen durch Zeitzonen sind hier aufzuführen. Dieser Vorteil erlangt besonderst hohe Tragfähigkeit im Hinblick auf die Vermarktung des Long-Tail, da die in diesem Bereich agierenden Anbieter von Online-Werbefläche zumeist über geringe (Personal)resourcen verfügen.

3.4 Preissteigerung durch Behavioral-Targeting

Der amerikanische Unternehmer Henry Ford bemerkte Anfang des letzten Jahrhunderts: „Ich weiß, die Hälfte meiner Werbung ist hinausgeworfenes Geld. Ich weiß nur nicht, welche Hälfte."[66] Um solche sogenannten Streuverluste zu vermeiden, werden heutzutage im Marketing Verfahren genutzt, welche die Werbung nur an eine zuvor definierte Zielgruppe ausliefert. Online-Communities bieten das beste Umfeld für zielgerichtetes Marketing.[67] Durch eine große Anzahl individuell erstellter Inhalte werden Online-Communities im Laufe ihres Lebenszykluses für Anzeigenkunden zunehmend atraktiver.[68] Die Schwierigkeit

---

[63] Vgl. Vulkan (2005), S. 210. In diesem Zusammenhang sagt die Liquidität aus, wie leicht es ist zu handeln, das heißt einen Handelspartner innerhalb einer vertretbaren Zeitspanne zu finden. Siehe hierzu Vulkan (2005), S. 204.

[64] Vgl. Lämmle (2003), S. 19.

[65] Im Rahmen von OWB stärken Automatisierungsprozesse den gesamten Ablauf. Die Preisfindung findet hauptsächlich durch Auktionierung statt wie in Kapitel 3.5 näcber erläutert wird. Jedoch ist eine erste Preisfindung durch Agenten nötig um insbesondere in der Anfangsphase eine Marktorientierung der Teilnehmer zu gewährleisten. Vgl. hierzu Vulkan (2005), S. 212, sowie Schäfers/Hundacker (2000), S. 92.

[66] Zitat von Henry Ford, gefunden in: Bauer/Hammerschmidt/Garde (2007), S. 1.

[67] Vgl. Kuo (2004), S. 926.

[68] Vgl. Pucko (2002), S. 12.

lag bisher allerdings in der hohen Granularität des Angebots. Es bedarf einer gewissen Größe des Werbenetzwerkes, einer kritischen Masse, um Werbung zielgerichtet unter ökonomischen Gesichtspunkten auszuliefern. Targeting bedeutet, unterschiedlichen Usern unterschiedliche Werbung zu präsentieren. Beispielsweise ist es mittels Targeting möglich, Werbung für DSL-Tarife nur solchen Usern einzublenden, die noch nicht breitbandig surfen. Eine solch Zielgerichtete Werbemaßnahme führt aber zwangsläufig zu einem typischen Reichweitenminderungseffekt. Um dies zu umgehen und die Skaleneffekte von großen Netzwerken besser zu nutzen, wurde das BT entwickelt. BT bedeutet, die Werbeauslieferung davon abhängig zu machen, welche Online-Inhalte die Nutzer zuvor aufgerufen haben.[69] Somit kann etwa Besuchern von Internetseiten zu Kraftfahrzeugen, auch dann Autowerbung eingeblendet werden, wenn sie später auf Online-Reise-Communities surfen. Der hierdurch entstehende Effekt der Reichweitenverlängerung kompensiert den zuvor besprochenen Nachteil.

Um spezielle Nutzergruppen in größerer Zahl zu erreichen bedarf es demnach einer Bündelung von Internetseiten.[70] OWB die eine Vielzahl hochspezieller Anbieter vertikaler Portale im Angebotsportfolio haben, können mittels dieser Technologie dem Werbetreibenden eine individuelle Werbefläche anbieten die Seitenübergreifend den Nutzer gewissermaßen folgt. Aus dem Surfverhalten kann ebenfalls ein demographisches Nutzerprofil abgeleitet werden. Forscher gehen von der Hypothese aus, dass Menschen mit bestimmten Eigenschaften nach bestimmten Produkten und Informationen suchen und bestimmte Webseiten aufsuchen.[71] Es wird versucht das Alter und Geschlecht des Internetsurfers zu ermitteln. Statistischen Daten zu Interessensschwerpunkten der beiden Geschlechter werden mit dem Surfverhalten in Zusammenhang gebracht. Dieses Vorgehen ist nicht unumstritten wie Rötzer feststellt.

Bei der Auslieferung von Werbung im Internet kann wesentlich wissenschaftlicher vorgegangen werden als beispielsweise im Fernsehen. Die Zielgruppenschärfe, sowie Rückschlüsse auf Erfolg können hier durch Erkenntnisse genauster Analyseverfahren erhöht werden.[72] Dies ist für den ökonomischen Erfolg der Werbung und somit der OWB von zentraler Bedeutung. In einer Studie zu individuellen Anpassung der Kommunikation mit dem potentiellen Kunden, stellen Ansari/Mela fest:

> „By enabling the right content to reach the right person at the right time, the Web can yield substantial dividends to Web marketers and can enhance the quality of service to consumers."[73]

---

[69] Vgl. Lammenett (2006), S. 119.

[70] Vgl. Schmidt (2007a), S. 66.

[71] Vgl. Rötzer (2007), S. 2.

[72] Vgl. Steel (2007), S. B2.

[73] Ansari/Mela (2003), S. 143.

Durch die Erhöhung der Effizienz der Werbung, kann demnach eine Preissteigerung erzielt werden und im Folgeschluss erwirtschaftet die OWB bedingt durch einen höheren Umsatz einen höherer Return on Investment (ROI).

3.5 Preisbestimmung durch Auktionierung

Online-Auktionen machen einen großen Teil der E-Commerce-Transaktionen aus.[74] Das berühmteste Beispiel für Business-to-Consumer (B2C)-Auktionen ist das Auktionshaus E-bay. Das Handelsvolumen ist bei Business-to-Business (B2B)-Auktionen jedoch wesentlich höher. Bei Auktionen von Werbefläche innerhalb einer OWB handelt es sich um B2B-Auktionen von nahezu homogenen Gütern. Im Unterschied zu traditionellen Auktionen wie bspw. durch das Auktionshaus Sotheby's, bieten Online-Auktionen bei homogenen Gütern einen Effekt des forwärtsgerichteten Bieterverhaltens.[75] Dies bedeutet, dass rational agierende Bieter momentan laufende Auktionen mit in ihr Gebot einbeziehen was einen preisreduzierenden Effekt zur Folge hat.

Die Verteilung des Werbebudgets der Anzeigenkunden auf verschiedene Werbeträger hängt ebenfalls mit der Vergleichbarkeit des Angebots zusammen.[76] Dies gilt im Beispiel von Borgs et al. insbesondere für die Suchwortwerbung. Demnach müsste eine Versteigerung von Werbefläche Preisreduzierend wirken. Insbesondere das Verhandlungsgeschick der Vertriebsmitarbeiter wird in diesem Zusammenhang von den Anbietern der Werbefläche als Argument für einen höher erzielbaren Preis im Rahmen von Verhandlungen statt Versteigerungen angeführt.[77] Bulow zeigt jedoch, dass der Wert von Verhandlungsgeschick im Verhältnis zum Wert zusätzlicher Konkurrenz klein ist.[78]

3.6 Markttransparenz

Unter Markttransparenz wird die Möglichkeit der Marktteilnehmer verstanden, Informationen des Handelsprozesses zu beobachten.[79] Forschungen haben ergeben, dass elektronische Märkte die Markttransparenz erhöhen und die Informationsasymetrie zwischen Käufern und Verkäufern verringern.[80] Unter Informationsasymetrie ist zu verstehen, dass

---

[74] Vulkan (2005), S. 165.

[75] Vgl. Zeithammer (2006), S. 474.

[76] Vgl. Borgs et al. (2007), S. 1.

[77] Vgl. Mandese (2006), S. 1.

[78] Vgl. Bulow/Klemperer (1996), S. 180.

[79] Vgl. Oehler/Unser (1998), S. 8, zitiert nach: Heilmann (2002), S. 23. Siehe dazu auch Oh/Lucas (2006), S. 755.

[80] Vgl. Oh/Lucas (2006), S. 756.

ein Akteur mehr Informationen über einen Sachverhalt hat als ein anderer Akteur.[81] Dabei ist der Prozess der Gruppenkommunikation, oft als many-to-many Prinzip bezeichnet, für ein geringe Informationsasymetrie förderlich.[82] Insbesondere Börsen, welche in den Bereich der many-to-many Handelsplätze fallen, zeichnen sich darum durch eine hohe Markttransparenz aus. Dabei ist es prinzipiell nicht von Bedeutung was über die Börse gehandelt wird solange es sich um ein homogenes Gut handelt.[83] Diese transparente Eigenschaft ist ein wesentliches Unterscheidungsmerkmal zu Werbenetzwerken, siehe hierzu auch das Kapitel 2.4.2. Markttransparenz kann zu einer erhöhten Kundenbindung führen.[84] Dies ist insbesonder im Hinblick auf die Fragestellungen dieser Studie von Bedeutung. E-Business-Unternehmen müssen verstärkt Maßnahmen ergreifen um im Vergleich zur Realwirtschaft mit der Vertrauensbildung zum Kunden aufzuschließen.[85]

---

[81] Vgl. Picot/Heger/Frank (2002), S. 88 f, zitiert nach: Heger (2003), S. 80.

[82] Misoch (2006), S. 55.

[83] Vgl. Vulkan (2005), S. 197.

[84] Vgl. Wirtz/Lihotzky (2003), S. 41.

[85] Vgl. Wirtz/Lihotzky (2003), S. 40 f..

4 Theoretischer Bezugsrahmen

Im Rahmen dieser Studie wird eine qualitativ-explorative Studie durchgeführt, für die ein theoretischer Bezugsrahmen als Grundlage dienlich ist. Im folgenden Kapitel 4, werden Theoriegrundlagen sowie Studien zur Kundenzufriedenheit mit einem Schwerpunkt auf das WWW aufgeführt und erörtert. Insbesondere die Kundenzufriedenheitstheorie von Kano findet im folgenden Beachtung, da sie eine Klassifizierung von Produkteigenschaften Anhand verschiedener Qualitätskriterien erlaubt.[86] Das Thema Kundenzufriedenheit ist bereits seit Jahrzehnten Gegenstand von Forschungen. Bereits 1954 stellte Peter Drucker fest: „It is the customer who determines what a business is."[87] Um die Kundenzufriedenheit in Bezug zum wirtschaftlichen Erfolg einer Unternehmung zu bringen, folgt im Anschluss ein kurzer Exkurs zur Erfolgsfaktorenforschung. Das Kapitel schließt mit einer kritischen Literaturanalyse zu den beiden Themengebieten ab.

4.1 Kundenzufriedenheitsforschung

Die Entstehung und Erhaltung des Konstrukts Kundenzufriedenheit wird unter Marketing-Wissenschaftlern und Marketing-Managern als Voraussetzung für die Kundenbindung und -loyalität gesehen.[88] Somit ist die Kundenzufriedenheit ein wesentlicher Erfolgsfaktor jeder ökonomisch orientierten Unternehmung. Die Schwerpunktsetzung auf die Kundenzufriedenheit ist in der Praxis bspw. an Leitmotiven von namhaften Unternehmen wie Rank Xerox zu beobachten: „Customer satisfaction is the number-one priority for every employee."[89] Magerhans[90] ist der Ansicht, dass Anbieter im Electronic Commerce dem Thema Kundenzufriedenheit erhöhte Aufmerksamkeit widmen sollen. Seiner Ansicht nach wird es nur Unternehmen gelingen ihre Marktposition zu halten bzw. auszubauen, denen es dauerhaft gelingt auf hart umkämpften elektronischen Märkten ihre Kunden zufrieden zu stellen bzw. im Einzelfall sogar zu begeistern.

Augrund gesteigerter Markttransparenz wird es für Unternehmen im Internet, immer wichtiger den Kunden zu binden.[91] Dies gilt ebenfalls für die Betreiber einer OWB. Zufriedene Kunden wandern nicht zur Konkurrenz ab,[92] somit dient die Kundenzufriedenheit der Kundenbindung, was wiederum als ein zentraler Indikator für einen langfristigen Unterneh-

---

[86] Vgl. Conklin/Powaga/Lipovetsky (2004), S. 819.
[87] Drucker (1954), S. 37.
[88] Vgl. Sauerwein (2000), S. 13, sowie Magerhans (2000), S. 6.
[89] Vgl. Homburg/Giering/Hentschel (1999), S. 175.
[90] Vgl. Magerhans (2000), S. 16.
[91] Vgl. Picot/Neuburger (2001), S. 36.
[92] Vgl. Scharnbacher/Kiefer (2003), S. 15.

menserfolg angesehen wird.[93] Die Kundenzufriedenheit ist demzufolge ein Erfolgsfaktor für das Unternehmen und erlangt dadurch an essentieller Bedeutung.

Studie	Autor	Element 1	Element 2	Element 3	Element 4
C/D-Paradigma		Soll (Erwartung)	Ist (Erlebnis)	Zufriedenheit bei Ist > Soll	Unzufriedenheit bei Ist < Soll
MH-Theorie	Frederick Herzberg	Hygiene	Motivator		
Kano-Modell	Noriaki Kano	Basisanforderung	Begeisterungsanforderung	Leistungsanforderung	Indifferent

Tab. 4-1: Gegenüberstellung einzelner Kundenzufriedenheitstheorien und deren Elemente

Im Folgenden werden drei grundlegende Theorien aus dem Bereich der Zufriedenheitsforschung erörtert und deren Funktionsprinzipien beschrieben. Tab. 4-1 stellt diese anhand deren wichtigsten Elemente bzw. Anforderungen gegenüber.
Das Confirmation/Disconfirmation-Paradigma (C/D-Paradigma) ist nach Ansicht des Autors in der Fachliteratur als häufigste Grundlagentheorie betreffend der Kundenzufriedenheit genannt und verdeutlicht nochmals das Konstrukt in seiner elementarsten Form. Darauf folgend findet sich die Motivator/Hygiene-Theorie (M/H-Theorie), welche ein Teil der Arbeitspsychologie ist. Der Autor Frederick Herzberg wird vielfach betreffend seiner M/H-Theorie in der Fachliteratur zitiert. Wirtschaftswissenschaftler wie Noriaki Kano entwickelten auf Basis seiner Überlegungen neue Kundenzufriedenheitsmodelle, welche die Kundenzufriedenheit weiter aufschlüsseln und in Faktoren unterteilen. Das Kano-Modell unterscheidet mehrere Arten von Produktanforderungen, deren Erfüllung einen unterschiedlichen Einfluss auf die Kundenzufriedenheit haben.[94] In den folgenden Sektionen, soll näher auf diese drei Theorien eingegangen werden und das Konstrukt der Kundenzufriedenheit genauer erläutert werden.

4.1.1 Das Confirmation/Disconfirmation-Paradigma

Die zentrale Aussage des C/D-Paradigma lautet, dass Kundenzufriedenheit aus dem Vergleich der tatsächlichen Erfahrung bei der Inanspruchnahme einer Leistung (Ist-Leistung) mit einem bestimmten Vergleichsstandard des Kunden (Soll-Leistung) resultiert.[95] Übertrifft die wahrgenommene Leistung den Vergleichsstandard, entsteht ein Gefühl der Zufriedenheit (Positive Diskonfirmation), ist dedoch das Gegenteil der Fall, so entsteht ein

---

[93] Vgl. Kaiser (2005), S. 14.
[94] Vgl. Sauerwein (2000), S. 25.
[95] Vgl. Homburg/Stock (2001), S. 20.

Gefühl der Unzufriedenheit (Negative Diskonfirmation).[96] Entspricht die wahrgenommene Leistung exakt dem Vergleichstandard, so spricht man von Bestätigung (Konfirmation) und somit dem Konfirmationsniveau der Zufriedenheit.[97] Abb. 4-1 verdeutlicht den Vergleichsprozess, sowie die daraus entstehenden subjektiven Empfindungen beim Kunden. Wahrnehmung ist stets subjektiv zu betrachten, da Individuen in verschiedener Weise Informationen aufnehmen und verarbeiten.[98] Somit ist auch die Kundenzufriedenheit eine subjektive Wahrnehmung.

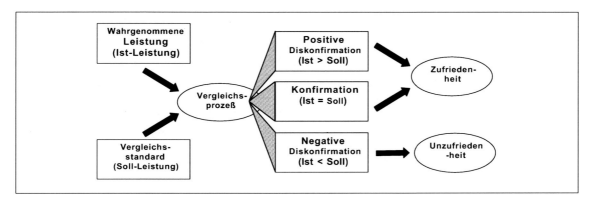

Abb. 4-1: Das Prinzip des CD-Paradigma.
Quelle: Homburg/Giering/Hentschel (1999), S. 176.

Demzufolge kann die Entstehung der Kundenzufriedenheit/-unzufriedenheit in folgende drei Phasen unterteilt werden:[99]

1. Phase: Die Kunden wählen unter einer Vielzahl von Alternativen diejenige, die unter Beachtung der Zielerfüllung am geeignetesten erscheint. Hieraus entwickelt sich eine Erwartungshaltung, die im Folgenden als „Sollkomponente" gekennzeichnet ist.

2. Phase: Durch Gebrauch/Verbrauch des Produktes bzw. Inanspruchnahme der Dienstleistung wird ein subjektives Leistungs- bzw. Qualitätsniveau als Istkomponente wahrgenommen und bewusst sowie unbewusst mit der Sollkomponente verglichen.

3. Phase: Das Ergebnis des Vergleichsprozesses zwischen dem Leistungsniveau (L) und der Erwartungshaltung (E) kann in drei mögliche Resultate unterschieden werden, welche im Folgeschluss in Zufriedenheit bzw. Unzufriedenheit resultieren. Eine positive Diskonfirmation entsteht, wenn das Leistungsniveau die Erwartungshaltung

---

[96] Vgl. Woodruff/Cadotte/Jenkins (1983), S. 300.
[97] Vgl. Homburg/Stock (2001), S. 20.
[98] Vgl. Rizk-Antonious (2002), S. 29.
[99] Vgl. Kaiser (2006), S. 41.

übertrifft $(L > E)$. Im Falle $L = E$ spricht man von Konfirmation. Tritt der Fall $E < L$ ein, entsteht eine negative Diskonfirmation, die in Unzufriedenheit resultiert.

4.1.2 Die Motivator-Hygiene Theorie

Eine weitere Theorie im Bereich der Zufriedenheitsforschung stellt eine von Herzberg[100] entwickelte Motivationstheorie dar. Diese ist nicht unumstritten und hat in der Fachliteratur sowohl Befürworter als auch Kritiker.[101] Die Motivator-Hygiene Theorie, in der Literatur oft auch „Zwei-Faktoren-Theorie" genannt, beschäftigt sich mit der Arbeitszufriedenheit und Arbeitsmotivation. Im Gegensatz zu Maslow[102], der in seinen Bedürfnisstudien fünf Faktoren an Grundbedürfnissen aufführt, postuliert Herzberg mittels der *Motivationsbedürfnisse* und *Hygienebedürfnisse* lediglich zwei.[103] Im folgenden werden diese beiden Faktoren als *Motivatoren* und *Hygienefaktoren* bezeichnet.

- Motivationsfaktoren: Als Motivatoren werden Determinanten der Arbeitszufriedenheit bezeichnet, die zu hoher Leistung und Anstrengung führen wenn sie zumindest teilweise zufriedengestellt werden. Sie beziehen sich auf die Art, Natur und Inhalt der Studie selbst. Die Nichterfüllung von Motivatoren führt nicht zu Unzufriedenheit, sondern zu einem neutralen Status.[104]

- Hygienefaktoren: Das sind Faktoren, die Mitarbeiter zu keiner höheren Leistung motivieren können, sondern Unzufriedenheit hervorrufen können. Diese Faktoren beziehen sich nicht auf die Studie selbst, sondern auf die Umstände, wie bspw. die Bezahlung und die Führung des Unternehmens.

Demnach resultiert Zufriedenheit aus der Erfüllung eines Motivator-Bedürfnisses und Unzufriedenheit aus der Nichterfüllung eines Hygienefaktors. Nach Herzberg können beide Zustände gleichzeitig vorhanden sein und sind generell unabhängig voneinander. Ist keine (Un)zufriedenheit da, stellt sich lediglich ein neutraler Status ein. Abb. 4-2 illustriert den Zusammenhang.

Herzbergs Motivator-Hygiene Theorie ist insofern relevant, da sie eine der bedeutensten Beiträge zur Zufriedenheitsforschung darstellt und auch die Grundlage für zahlreiche darauf aufbauende Motivationstheorien im betriebswirtschaftlichen Bereich, wie bspw. dem im folgenden Kapitel erläuterten Kano-Modell bildet.[105]

---

[100] Vgl. Herzberg/Mausner/Snyderman (1959).

[101] Unter den Befürworten sind bspw. Behling/Labovitz/Kosmo (1968) und Whitsett/Winslow (1967). Als Kritiker Herzbergs Motivatoinstheorie gelten bspw. Burke (1966) und Friedlander (1964). Vgl. hierzu Weinert (1992), S. 270.

[102] Vgl. Maslow (1943).

[103] Vgl. Weinert (1992), S. 268.

[104] Vgl. Sauerwein (2000), S. 29, sowie Weinert (1992), S. 272.

[105] Vgl. Weinert (1992), S. 272.

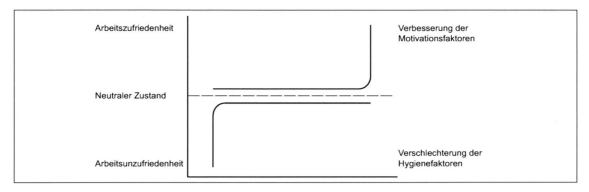

Abb. 4-2: Die Motivator-Hygiene Theorie.
Quelle: Eigene Darstellung in Anlehnung an Weinert (1992)

4.1.3 Das Kano-Modell der Kundenzufriedenheit

Das Kano-Modell basiert auf den Forschungen von Noriaki Kano in den 70er Jahren des zwanzigsten Jahrhunderts. Kano stellte wärend einer Zusammenarbeit mit dem Unternehmen Konika fest, dass der Schlüssel zum Erfolg in den latenten Wünschen und Bedürfnissen des Kunden liegt.[106] Die Hauptschwierigkeit besteht darin diese Wünsche des Kunden zu identifizieren, um sie in die Produktentwicklung integrieren zu können. Er leitete seine Theorie von den Forschungen Herzbergs ab und entwickelte ein Zwei-Wege-Modell der Kundenzufriedenheit (Abb. 4-3). Die x-Achse kennzeichnet die vom Kunden empfundene Qualität des Produktes bzw. der Dienstleistung, während die y-Achse die Zufriedenheit des Kunden wiederspiegelt. Größte Zufriedenheit herscht im III Quadranten, rechts oben. Kano unterteilte die Anforderungen in drei Ebenen der Qualität:

Q1 Basisfaktoren

Q2 Leistungs- und Qualitätsforderungen

Q3 Begeisterungsmerkmale

Ebene Q1 kennzeichnet nicht artikulierte und als selbstverständlich angesehene Eigenschaften. Werden diese nicht erfüllt, führt dies zu extremer Unzufriedenheit. Elemente mit Basisfaktoreigenschaften werden aus diesem Grunde in der Fachliteratur teilweise auch als Unzufriedenheitstreiber angesehen.[107] Wie im Diagramm zu sehen ist, werden Basismerkmale nie zu einer Zufriedenheit des Kunden beitragen. Sie können nur Unzufriedenheit verhindern. Ein Beispiel für ein Produktmerkmal, welches typische Basisfaktormerkmale aufweist, ist die Fernbedienung bei einem Fernseher. So sehr man die Qualität und die Eigenschaften der Fernbedienung verbessert, es wird vermutlich nicht zu einer Begeisterung des Kunden für das Gesamtprodukt führen. Wird eine Fernbedienung allerdings nicht mitgeliefert, so führt dies zu extremer Unzufriedenheit des Kunden.

---

[106] Vgl. Sauerwein (2000), S. 25.

[107] Vgl. Conklin/Powaga/Lipovetsky (2004), S. 819.

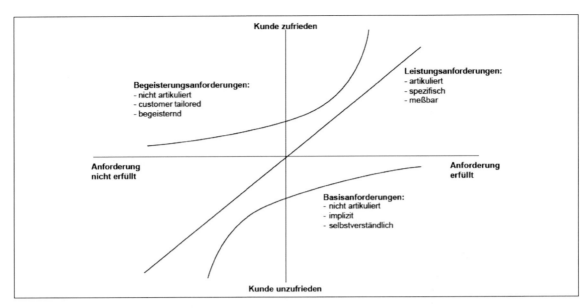

Abb. 4-3: Das Kano-Modell der Kundenzufriedenheit.
Quelle:Kano (1984)

Ebene Q2 kennzeichnet Merkmale, die sowohl Zufriedenheit als auch Unzufriedenheit auslösen können. Als Beispiel sei der Verbrauch eines PKW's genannt. Verbraucht das Fahrzeug viel, kann es zu Unzufriedenheit kommen. Verbraucht es wenig, kann eine große Zufriedenheit ausgelöst werden.

Ebene Q3 kennzeichnet Faktoren, die vom Wettbewerb unterscheiden. In der Literatur oft auch Unique Selling Proposition (USP) genannt. Sind diese vorhanden, kann es zu extremer Zufriedenheit beim Kunden führen. Fehlen diese, führt es aber nicht zur Unzufriedenheit. Es sind Elemente bzw. latente Bedürfnisse des Kunden die nicht in der Erwartungshaltung enthalten sind.

Berücksichtigt man zusätzlich den Faktor Zeit, so lässt sich feststellen, dass im zeitlichen Verlauf aus Begeisterungsmerkmalen, Leistungsanforderungen, und schließlich Basisfaktoren werden.[108] Als Beispiel sei hier nocheinmal die Fernbedienung genannt, die bei der Einführung ein Begeisterungsmerkmal war, in heutiger Zeit aber einen Basisfaktor darstellt.

Identifikation von Produktanforderungen

Der erste Schritt zur Konstruktion des Kano-Fragebogens ist die explorative Ermittlung der Produktanforderungen.[109] Die Bestimmung von Qualitätsanforderungen aus der Sicht des Kunden ist ein zentraler Maßstab.[110] Ein Problem stellt bei der Befragung mittels Kun-

---

[108] Vgl. Lämmle (2003), S. 97.

[109] Vgl. Matzler et al. (1996), S. 8.

[110] Vgl. Rizk-Antonious (2002), S. 23.

deninterviews die mangelnde Möglichkeit zur Identifikation latenter Kundenbedürfnisse dar. Sichtbare Produktanforderungen und Kundenprobleme können jedoch ohne weiteres erfragt werden. Die Schwierigkeit ergibt sich insbesondere bei der Identifikation von Begeisterungsanforderungen, denn diese können vom Kunden nicht artikuliert werden, da er diese schließlich nicht erwartet.[111] Die Identifikation spezifischer Produktattribute gemäß ihrer Klassifizierung in Qualitätsordnungen nach Kano kann gezielt Anhand von standardisierten Methoden durchgeführt werden.[112] Im folgenden erfolgt eine Übersicht der von Sauerwein wiedergegebenen Methoden:

Methoden zur Ermittlung von Q1 dienen im Wesentlichen dazu, die Identifikation der Basisanforderungen zu gewärleisten und somit Kundenabwanderung verhindern zu helfen, sowie zur Erfassung der Gründe, warum Kunden bereits zu Konkurenten gewechselt sind. Folgende vier Methoden werden von Sauerwein aufgeführt: 1. Beschwerdesysteme, 2. „Lost Customer"-Umfragen, 3. Attrition Analysis, 4. Win/Loss Reports. Da keines dieser vorgestellten Methoden für die hier vorliegende Untersuchung relevant sind, soll an dieser Stelle nicht näher auf deren Characteristika eingegangen werden.

Methoden zur Ermittlung von Q2. Hierzu zählt die Befragung eigener Kunden sowie der Konkurrenzkunden. Desweiteren führt Sauerwein sogenannte „Transaction Reports" als Methode auf. Darunter sind Befragungen bzw. Expertenbeobachtungen direkt bei Inanspruchnahme des Services zu verstehen. Im Hinblick auf OWB lassen sich nach Ansicht des Autors hier auch Beobachtungen mittels technischer Möglichkeiten, wie der Analyse der Bewegungsmuster des Kunden bei der Bedienung der OWB unter Zuhilfenahme von Log-files oder eines Eye-Tracking-Verfahrens, durchführen.

Methoden zur Ermittlung von Q3. Hier wird auf die Lead-User-Analyse zurückgegriffen. Nutzer mit hohem Produkt- und Serviceinvolvement, welche auch direkt in die Entwicklung mit einbezogen werden können. Nach Ansicht des Authors eignen sich im Hinblick auf eine Online-Vermarktungsplattform auch Methoden des Crowd-Sourcing, indem bestimmte Aufgaben innerhalb einer Community vergeben werden. Auch eine Form der Customer-Integration ist nach Ansicht des Autors durchaus für eine OWB denkbar.

Durch Zuhilfenahme dieser Methoden ergibt sich, zumindest theoretisch, eine umfassende Analyse der Wünsche und Probleme der Kunden sowie Potential für Verbesserungen und Neuentwicklungen.[113]

---

[111] Vgl. Sauerwein (2000), S. 33.
[112] Revelle/Moran/Cox (1998), S. 10 und Kessler (1996), S. 114 zitiert nach: Sauerwein (2000), S. 34.
[113] Vgl. Sauerwein (2000), S. 36.

Konstruktion des Kano-Fragebogens

Innerhalb des Fragebogens werden die Basis-, Leistungs- und Begeisterungs- sowie Produktanforderungen, denen der Kunde indiffirent gegenübersteht, klassifiziert.[114] Eine Messung der Indifferenzzone[115] erfolgt nicht. Zu jeder Produkteigenschaft werden zwei Fragen formuliert, die jeweils die Erfüllung bzw. Nichterfüllung beim Kunden erfragen. Es stehen je fünf mögliche Antworten, welche seine potentielle subjektive Einschätzung zu dem erfragten Merkmal wiederspiegeln, zur Auswahl. Tab. 4-2 illustriert dies anhand einer Frage zur Preistransparenz. Bei der Formulierung der Fragen ist die „Stimme des Kunden" von essentieller Wichtigkeit.[116] Die „Stimme des Kunden" ist eine Umschreibung für die Problemlösungssicht des Kunden, welcher sich gemäß Hauser nicht für die Art und Weise der Problemlösung interessiert.

Frageform	Frage	Mögliche Antworten
Funktional	Wenn Ihr Mitbewerber die erzielten Preise für Ihre Plattform einsehen kann, wie denken Sie darüber?	1. Das würde mich sehr freuen 2. Das setze ich voraus 3. Das ist mir egal 4. Das könnte ich evtl. in Kauf nehmen 5. Das würde mich sehr stören
Dysfunktional	Wenn Ihr Mitbewerber die erzielten Preise für Ihre Plattform nicht einsehen kann, wie denken Sie darüber?	1. Das würde mich sehr freuen 2. Das setze ich voraus 3. Das ist mir egal 4. Das könnte ich evtl. in Kauf nehmen 5. Das würde mich sehr stören

Tab. 4-2: Funktionale und dysfunktionale Frage im Kano-Fragebogen
Quelle: In Anlehnung an Kano (1984), siehe dazu auch Sauerwein (2000)

Unter Zuhilfenahme einer vorgegebenen Lösungsmatrix lassen sich die Produkteigenschaften durch eine Kombinatorik der beiden Antworten klassifizieren.[117] Tab. 4-3 zeigt eine Tabelle, welche diese Lösungsmatrix beinhaltet. Antwortet der Kunde bspw. auf die funktionale Frage aus Tab. 4-2 mit Antwortmöglichkeit 1 und auf die dysfunktionale mit einer der Antwortmöglichkeit von 2-4, so handelt es sich gemäß der Lösungsmatrix um eine Begeisterungsanforderung (A). Ergibt sich ein I, für indifferent, so ist es dem Kunden im Prinzip egal ob diese Eigenschaft vorhanden ist. Das Feld Q tritt praktisch nur auf, wenn die Frage falsch gestellt wurde, der Kunde die Frage missverstanden hat oder irrtümlich

---

[114] Vgl. Szmigin/Reppel (2004), S. 634.

[115] Unter einer Indifferenzzone wird der Bereich innerhalb der subjektiven Entscheidungsfindung bezeichnet an dem Unentschlossenheit herscht. Vgl. Bartikowski (2001), S. 23.

[116] Vgl. Hauser/Clausing (1988), zitiert nach: Matzler et al. (1996), S. 16.

[117] Vgl. Matzler et al. (1996), S. 10.

die falsche Antwort angekreuzt hat. Die Kombination R deutet auf eine Eigenschaft hin, die vom Kunden nicht erwünscht ist.[118]

		Dysfunktional				
Produktanforderungen		**Like**	**Must-be**	**Neutral**	**Live with**	**Dislike**
Funktional	1. Würde mich freuen (Like)	Q	A	A	A	O
	2. Vorraussetzung (Must-be)	R	I	I	I	M
	3. Ist mir egal (Neutral)	R	I	I	I	M
	4. In Kauf nehmen (Live with)	R	I	I	I	M
	5. Würde mich stören (Dislike)	R	R	R	R	Q

Die Produktanforderung ist:
A(ttractive): Begeisterungsanforderung, O(ne-dimensional): Leistungsanforderung, M(ust-be): Basisanforderung, Q(uestionable): Fragwürdig, R(everse): Entgegengesetzt, I(ndifferent):Indifferent

Tab. 4-3: Die Kano-Auswertungstabelle stellt eine Lösungsmatrix für die Ergebnisse der Befragung dar. Quelle: Kano (1984), siehe dazu auch Sauerwein (2000)

Zusätzlich ist es nützlich den Kunden nach der Beurteilung der Produktkriterien nach seinem derzeit genutzten Produkt zu fragen. Dabei wird eine 5-stufige Antwortskala von »trifft vollkommen zu« (codiert als 1) über »trifft teils teils zu« (codiert als 3) bis »trifft gar nicht zu« (codiert als 5) vorgegeben. Dadurch können Prioritäten für die Produktentwicklung abgeleitet werden.

Durchführung der Befragung

Es stehen mehrere Befragungsformen für die Durchführung der Kundeninterviews zu Verfügung. Standardisierte mündliche Interviews werden in der Fachliteratur für die Befragung nach dem Kano-Modell empfohlen.[119] Um die latenten Bedürfnisse der Kunden zu erfragen wird in zahlreichen Studien ein Prinzip der indirekten Fragestellung angewandt. Szmigin/Reppel[120] orientieren sich bei Ihrer Befragung nach dem Kano-Modell beispielsweise nach diesem Prinzip. Häufig werden im Vorfeld der Konstruktion des Fragebogens Experteninterviews geführt, um die Determinanten genauer zu bestimmen.[121] Um die effizienz des Fragebogens zu testen und evtl. Unschlüssigkeiten auszuräumen, werden vor der Feldphase Pre-Tests im kleinen Rahmen durchgeführt.

---

[118] Vgl. Sauerwein (2000), S. 38.
[119] Sauerwein (2000), S. 39.
[120] Vgl. Szmigin/Reppel (2004), S. 635.
[121] Vgl. Kuo (2003), S. 464.

Auswertung durch Analyse des CS-Koeffizienten

Für die Auswertung der Befragung stehen mehrere Optionen offen. Für die im Rahmen dieser Studie folgende Analyse der durchzuführenden Befragung eignet sich nach Ansicht des Autors die Analyse des Zufriedenheitsstiftungskoeffizient (CS-Koeffizient) am besten. Dieser Koeffizient gibt Aufschluss darüber, ob durch die Erfüllung einer Produktanforderung die Zufriedenheit gesteigert werden kann oder ob lediglich Unzufriedenheit vermieden wird.[122] Für eine Betrachtung alternativer Analyseverfahren empfiehlt sich die Lektüre von Sauerwein (2000), S. 40-49.

Um den Einfluss der Produkteigenschaft zu messen wird der CS-Koeffizient über zwei Formeln ermittelt. Mit Hilfe von Formel 1 wird der Satisfaction Increment Index (SII) ermittelt. Dieser beschreibt das Außmaß der Zufriedenheitsstiftung. Der über Formel 2 ermittelte Dissatisfaction Decrement Index (DDI) beschreibt wiederum das Außmaß der Unzufriedenheitsstiftung.[123]

Ausmass der Zufriedenheitsstiftung:

$$SII = (A+O)/(A+O+M+I) \tag{1}$$

Ausmass der Unzufriedenheitsstiftung:

$$DDI = -(O+M)/(A+O+M+I) \tag{2}$$

Um beim DDI den negativen Einfluss auf die Kundenzufriedenheit auszudrücken, wird dieser mit einem negativen Vorzeichen besetzt. Das Spektrum des SII reicht von 0 (neutral), bis 1 (großer Einfluss auf die Zufriedenheit). Gleiches gilt für den DDI, wobei hier der Wert -1 die maximal erreichbare Unzufriedenheitsstiftung kennzeichnet.

4.1.4 Methodik von Kundenzufriedenheitsmessungen

Um eine theoretische Grundlage zur Erfassung der Kundenzufriedenheit für die Fragebogengestaltung sowie die Messmethode in Kapitel 5.4 zu schaffen, soll im folgenden die Methodik von Kundenzufriedenheitsmessungen erörtert werden. Zur Konzeption einer Kundenzufriedenheitsmessung ist es notwendig, verschiedene Messverfahren auf ihre Anwendungsfähigkeit hin zu analysieren.[124] Abb. 4-4 verdeutlicht die Systematisierung von Verfahren zur Messung der Kundenzufriedenheit. Beutin unterteilt demnach die Messung in folgende fünf Merkmale:

---

[122] Vgl. Berger et al. (1993), S. 18, zitiert nach: Sauerwein (2000), S. 48.
[123] Vgl. Kuo (2004), S. 935.
[124] Vgl. Beutin (2001), S. 89.

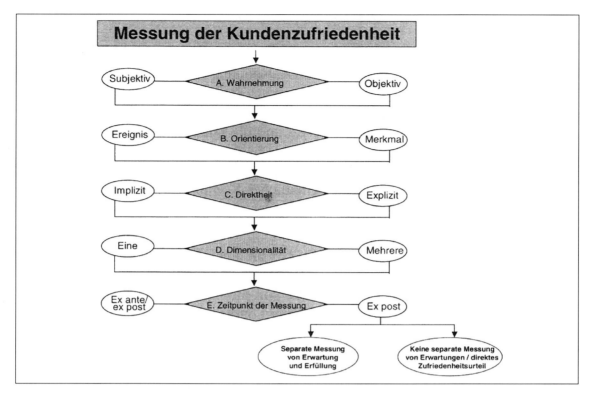

Abb. 4-4: Systematisierung von Verfahren zur Messung der Kundenzufriedenheit.
Quelle: Entnommen aus Beutin (2001), S. 90, in Anlehnung an Homburg/Faßnacht (2000)

A Wahrnehmung durch den Kunden

B Orientierung des Messinhalts

C Direktheit der Messung

D Dimensionalität

E Zeitpunkt der Messung

Merkmal A unterscheidet nach objektiven- und subjektiven Verfahren. Letztere stellen auf die Erfassung der vom Kunden subjektiv empfunden Zufriedenheit ab, wogegen objektive Verfahren nicht durch persönliche Wahrnehmung beinflusst werden, wie bspw. die Höhe und Entwicklung vom Marktanteil.[125]

Merkmal B unterscheidet nach ereignis- und merkmalorientierten Verfahren. Die ereignisbezogenen Verfahren beziehen sich auf besonderst wichtig empfundene Kundenkontaktereignisse. Aufgrund ihres zeitlich eingeschränkten Betrachtungshorizonts sind diese Verfahren zur umfassenden Messung der Kundenzufriedenheit nicht geeignet, da sie lediglich einzelne oder mehrere Ereignisse betrachten und dadurch nicht den ganzen

---

[125] Vgl. Beutin (2001), S. 90.

Umfang einer Kundenbeziehung.[126] Für die in dieser Studie vorgenommene Kundenzufriedenheitsanalyse ist vielmehr der merkmalsorientierte Ansatz von Bedeutung. Dieser beschäftigt sich mit einem breiten Spektrum an Produkt-, Service- oder Interaktionsmerkmalen.

Merkmal C differenziert nach impliziten- und expliziten Verfahren. Implizite Verfahren werten die Beschwerden von Kunden aus. Es liegt der Annahme zugrunde, dass Kundenunzufriedenheit bei einer hohen Anzahl von Beschwerden vorliegt. Ein großer Unsicherheitsfaktor bei dieser Art des Rückschlusses ist die benötigte Beschwerdeaktivität des Kunden, die von vielerlei Faktoren abhängen kann und in den allermeisten Fällen gering ist.[127] Explizite Verfahren setzen das Instrument der Befragung ein. Der Efüllungsgrad der Erwartungen bzw. die empfundene Zufriedenheit werden hierbei direkt beim Kunden erfragt. Im Rahmen dieser Studie wird eine solche Befragung durchgeführt. Eine beschreibung der Untersuchung findet sich in Kapitel 6.

Merkmal D unterteilt nach eindimensionalen- und multiattributiven/mehrdimensionalen Verfahren. Eindimensionale Verfahren messen die Kundenzufriedenheit lediglich an einem Faktor bzw. an nur einer einzigen Frage, während eine multiattributive/mehrdimensionale Messung der Kundenzufriedenheit mehrere Faktoren mit einbezieht. Eindimensionale Verfahren werden aufgrund ihrer geringen Reliabilität (Zuverlässigkeit) als auch Validität (Gültigkeit) der Ergebnisse in der Wissenschaft als vollkommen unzureichend angesehen.[128]

Merkmal E unterscheidet ex ante/ex post- und ex post Verfahren. Der Zeitpunkt der Messung ist hier das Unterscheidungskriterium. Bei ex ante/ex post Verfahren wird ein Vergleich der in einer vorangehenden (ex ante) Befragung ermittelten Erwartungshaltung des Kunden und die Erfüllung dieser Erwartungen durch eine nachgelagerte (ex post) Befragung bspw. mittels einer Gap-Analyse vorgenommen. Die reine ex post-Messung bezieht sich ausschließlich auf die Ergebnisse einer ex post Befragung und bezieht die Erwartungshaltung nicht mit ein.

4.1.5 Vergleich ausgewählter Kundenzufriedenheitsstudien

Das folgende Kapitel stellt einige Kundenzufriedenheitsstudien mit dem Schwerpunkt auf das WWW und im speziellen auf Online-Communities dar. Da es sich beim Medium Internet um ein äußerst schnelllebiges Medium handelt, liegt der Fokus auf Studien, die vor weniger als fünf Jahren angefertigt wurden. Als theoretische Grundlage wird vielfach das Kano-Modell verwendet. Tab. 4-4 stellt die Ergebnisse sowie die Charakteristika der empirischen Analyse gegenüber.

---

[126] Vgl. Homburg/Schneider/Schäfer (2001), zitiert nach: Beutin (2001), S. 91.

[127] Vgl. Günter (2001), S. 265.

[128] Vgl. Beutin (2000).

Autoren	Inhalt der Studie	Charakteristika der empirischen Analyse	Kernaussage
Szmigin/ Reppel (2004)	Ermittlung der Kundenbindung der vertikalen Online-Community „macnews.de"	Entwicklung eines konzeptionellen Rahmens mit Überführung in eine Befragung nach dem Kano-Modell. Befragung der Mitglieder, n=5.121.	Die technische Infrastruktur ist nur für neue Mitglieder von großer Wichtigkeit. Bestandsmitglieder bescheinigen diesem Faktor geringe Wichtigkeit.
Kuo (2003)	Konstruktion eines Instruments zur Ermittlung der Service-Qualität von Online-Communities	Entwurf eines Fragebogens basierend auf dem ServQual-Modell. Factoranalyse, T-Test. Befragung von Studenten an drei Hochschulen in Taiwan	Die Toppriorität der Internetnutzer ist die Zuverlässigkeit des Dienstes sowie Sicherheit der Mitgliederinformationen.
Gerpott/ Rams (2000)	Kundenbindung, -loyalität und -zufriedenheit im deutschen Mobilfunkmarkt	Untersuchung der Differenzierbarkeit und Wirkungsverkettungen von KB, KL und KZu sowie angebotsseitige Einflußgrößen der drei Konstrukte unter Rückgriff auf eine Stichprobe von 684 Privatkunden.	Für das Kontraktgeschäft ist es konzeptionell begründbar, empirisch haltbar und praktisch hilfreich, KB nicht mit KL und/oder KZu gleichzusetzen, sondern eine 2-stufige Wirkungskette KZu ⇒ KL ⇒ KB anzunehmen.
Conklin/ Powaga/ Lipovetsky (2004)	Identifikation von Haupttreibern der Kundenzufriedenheit.	Entwicklung eines analytischen Modells auf Basis des Kano-Modells unter Zuhilfenahme der Shapley value, welches die Hauptzufriedenheits- und unzufriedenheitstreiber identifiziert.	Shapley value kann als nützliches Entscheidungsinstrument zur Ermittlung der Kundenzufriedenheitstreiber angewandt werden.
McKinney/ Yoon/ Zahedi (2002)	Messung der Kundenzufriedenheit bei Online-Kunden innerhalb der Informationsphase.	Entwicklung eines theoretisch fundierten Konstrukts zur Messung der Online-Kundenzufriedenheit wärend der Informationsphase unter Zuhilfenahme des C/D-Paradigma.	Potentielle Kunden die Schwierigkeiten bei der Suche und/oder dem Abruf von Produktrelevanten Informationen auf der Einkaufsplattform begegnen, verlassen mit hoher Warscheinlichkeit die Seite ohne einen Einkauf.

Tab. 4-4: Bestandsaufnahme ausgewählter Kundenzufriedenheitsstudien.

4.1.6 Auswirkungen von Kunden(un)zufriedenheit auf die Wechselbereitschaft von Bestandskunden

Wie bereits in Kapitel 4.1 festgestellt, gilt die Entstehung und Erhaltung der Kundenzufriedenheit als Vorraussetzung für die Kundenbindung und -loyalität. Der Kunde hat nach der wahrgenommenen Leistung mehrere Handlungsalternativen die aus seinem subjektiven Empfinden und der daraus entstandenen Kunden(un)zufriedenheit resultieren. Wie Abbildung Abb. 4-5 zeigt, können Kunden unter anderem mit Abwanderung auf Unzufriedenheit reagieren. Diese Reaktion ist nahezu irreversibel und daher von starker Bedeutung für die betroffenen Unternehmen.[129] Die Kundenzufriedenheit hat dabei einen wesentlichen Einfluss auf die Wechselbereitschaft des Kunden und der daraus resultierenden Abwanderung.[130]

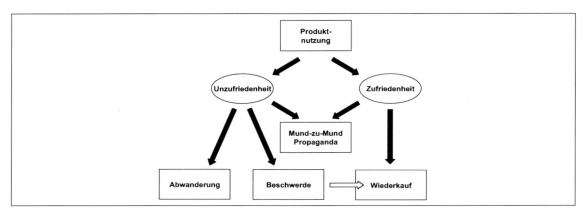

Abb. 4-5: Mögliche Reaktionen einzelner Kunden auf (Un)zufriedenheit.
Quelle: Homburg/Giering/Hentschel (1999), S. 177.

Kritisch ist insbesondere, dass es für die Unternehmen nach einer erfolgten Abwanderung schwierig ist, den Grund der Unzufriedenheit zu erkennen. Kundenzufriedenheit ist aber keine Garantie für Loyale Kunden. Der Grad der Zufriedenheit mit der Dienstleistung bzw. dem Produkt im Vergleich zu den Dienstleistungen bzw. den Produkten der Konkurrenz spielt eine große Rolle. In einer Untersuchung etwa, bezeugten 90 % der abgewanderten Kunden, dass sie zufrieden gewesen seien, jedoch ein noch zufriedenstellenderes Angebot erhalten hätten.[131] Nach Reichheld/Aspinall werden folgende Motive für die Abwanderung angegeben:

- Attraktivität der Alternativen aus Preis-, Qualitätsgründen.

- Absatzpolitische Reize durch Sonderangebote, etc..

- Zufriedenheit die nicht ausreichend hoch ist das daraus Loyalität entsteht.

---

[129] Vgl. Sauerwein (2000), S. 15.
[130] Vgl. Scharnbacher/Kiefer (2003), S. 15.
[131] Vgl. Reichheld/Aspinall (1993), S. 26, zitiert nach: Sauerwein (2000), S. 15.

Faktoren wie Preis und Qualität spielen demnach eine entscheidende Rolle. Der Grad der Kundenzufriedenheit kann jedoch als Indikator für die Wechselbereitschaft der Bestandskunden dienen. Insbesondere in Hochtechnologiemärkten zu denen auch das Internet gehört sinken die Preise schnell und die Qualität bzw. die Funktionsvielfalt steigt rapide an.[132] Durch die dort vorhandene hohe Markttransparenz ist der Kunde in der Lage das Marktangebot zu überblicken und im Sine einer Kosten-Nutzen-Analyse zu bewerten.[133] Jedoch steht der Kunden insbesondere in Hochtechnologiemärkten nicht unerheblichen Wechselkosten aufgrund vorangehender Zugeständnisse an bestimmte Produkttechnologien gegenüber.[134] Diese Wechselkosten können bspw. mit einer hohen Einarbeitungs- bzw. Lernphase der Mitarbeiter begründet sein oder auch mit Daten die nicht zum Wettbewerber übertragen werden können.[135] Maßnahmen die Kunden untereinander binden, können ebenfalls die Wechselkosten und damit die Wechselbereitschaft beeinflussen.[136] Jede dieser Maßnahmen hat wiederum einen direkten Einfluss auf die Kundenzufriedenheit. Zusammenfassend lässt sich feststellen, dass die Wechselbereitschaft von Bestandskunden im Wesentlichen von der Kundenzufriedenheit, dem Preis, der Qualität sowie potentiellen Wechselkosten bedingt durch Austrittsbarieren abhängt.

4.2 Exkurs: Erfolgsfaktorenforschung

Die Kundenzufriedenheit gilt als ein zentraler Indikator für einen langfristigen Unternehmenserfolg.[137] Um die Erfolgsfaktoren von Objekten (z.B. Unternehmen) zu ermitteln, lässt sie sich auf Methoden der Erfolgsfaktorenforschung zurückgreifen.[138] Bildet man den Erfolg formal ab, lässt sich folgende Struktur feststellen:

$$E = f(e_1, e_2, ..., e_n) \quad (3)$$

Mit: E = Erfolg

e_i = vermutete Bestimmungsgrößen des Erfolgs (Erfolgsfaktoren)

Fraglich ist jedoch, mit welchem Faktor die jeweiligen Bestimmungsgrößen des Erfolges, und somit auch die Kundenzufriedenheit, mit in die Funktion eingehen. Als Erfolgskennzahl lässt sich auf verschiedene ökonomische Erfolgsmaße wie bspw. den ROI abstel-

---

[132] Vgl. Heide/Weiss (1995), S. 30.

[133] Vgl. Heger (2003), S. 82.

[134] Vgl. Jackson (1985) sowie Moriarty/Kosnik (1989), zitiert nach Heide/Weiss (1995), S. 30.

[135] Vgl. Heide/Weiss (1995), S. 40.

[136] Vgl. Mühlenbeck/Skibicki (2007), S. 78.

[137] Vgl. Kaiser (2005), S. 14.

[138] Vgl. Tjaden (2002), S. 70.

len.[139] Kaiser[140] schlüsselt den Einfluß der Kundenzufriedenheit auf die Erfolgskennzahl ROI wie folgt auf:

$$Expectations_t = f_1(Expectations_{t-1}, Quality_{t-1}, Expectations_t, \xi_1 t) \quad (4)$$

$$Satisfaction_t = f_2(Quality_t, Price_t, Expectations_t, \xi_2 t) \quad (5)$$

$$Profitability = f_3(Satisfaction_t, \xi_3 t) \quad (6)$$

Mit: ξ = Vektor anderer Faktoren (z.B. Umwelteinflüsse)

Somit ist die Profitabilität bzw. der ROI in direkter Weise von der Kundenzufriedenheit abhängig. Für eine detailiertere und tiefergehende Betrachtung empfielt sich die Lektüre von Kaiser[141]. Unternehmen können dabei die Kundenzufriedenheit steuern und somit einen direkten Einfluss auf die Profitabilität ihres Unternehmens nehmen.[142] Als Ursprung der Erfolgsfaktorenforschung gilt das Profit Impact of Marketing Strategies Programm (PIMS-Programm). Das Konzept beschreibt, welche Schlüsselfaktoren eines Unternehmens mit seinem wirtschaftlichen Erfolg korrelieren. Basierend auf einer Analyse von PIMS-Programm-Daten weisen Buzzell/Gale einen signifikanten Zusammenhang zwischen einer hohen Produkt- und Dienstleistungsqualität und dem ROI einer Unternehmung nach.[143]

Das Quality Function Deployment (QFD) ist ein weiteres Verfahren der Erfolgsfaktorenforschung. Genauer betrachtet handelt es sich bei QFD um ein Verfahren zur Entwicklung einer Entwurfsqualität, die sich an den Bedürfnissen der Kunden orientiert.[144]. Das Kano-Modell wurde bereits erfolgreich in das QFD integriert, um die Vorteile beider Verfahren zur Erlangung höherer Kundenzufriedenheit zu nutzen.[145] Bei einem von Schneider weiterentwickelten Verfahren des Success Resource Deployment (SRD) werden kundenorientierte Erfolgsfaktoren („Success") und die für ihre bestmögliche Beeinflussung erforderlichen Ressourcen („Resource") analysiert. Der Kern jeglichen Unternehmenserfolgs entsteht demnach im effizienten Zusammenspiel („Deployment") von Erfolgsfaktoren und Ressourcen.[146] Tab. 4-5 stellte einige Erfolgsfaktorenstudien gegenüber:

---

[139] Vgl. Kroiß (2003), S. 14.
[140] Vgl. Kaiser (2006), S. 36.
[141] Vgl. Kaiser (2006), S. 37 ff..
[142] Vgl. Rapp (1995), S. 36.
[143] Vgl. Buzzell/Gale (1989), S. 1 ff..
[144] Vgl. Akao (1992), S. 16.
[145] Vgl. Tan/Shen (2000), S. 1150.
[146] Vgl. Schneider (2001), S. 18.

Unter-suchung	Spezifität	Forschungs-methodik	ermittelte Erfolgsfaktoren
Schäfers/ Hundacker (2000)	geschäftstyp-spezifisch (Auktions-häuser)	theoretisch-konzeptionell	Erfolgsfaktoren bei der Teilnehmergewinnung: Pionierrolle; Kommunikationspolitik; Kooperationen; einfache Handhabung; Preispolitik; Transaktionssicherheit. Erfolgsfaktoren bei Teilnehmerbindung: Kontrolle Nutzungsmuster; One-to-one-Marketing; Community-Bildung; Aufbau Markteintrittsbarrieren
Condon (1999)	übergreifend	theoretisch-konzeptionell	Setzen von generellen Zielen; Verstehen des Kunden; Design; Entertainment; Interaktivität; Werbung; Kooperationen; Zuverlässigkeit hinsichtlich des Nutzenversprechens
Booz-Allen-Hamilton (2003)	übergreifend	indirekt qualitativ-explorativ	Strategische Partnerschaften; Branding; ePricing; individualisierte Angebote; Prozessdesign; One-to-one-Marketing; Community Building; Personalstrategie; Strategischer IT-Einsatz
Bruce Judson (2000)	übergreifend	theoretisch-konzeptionell; teilweise Belege durch Beispiele	Nutzung des Internet als Kommunikationsmittel; Markteintritt als Pionier; Schaffung eines „gewissen Extras"; Individualisierung; Schaffung einer Gesamtlösung; intensives Marketing; Gratisangebote; Flexibilität; Wachsamkeit

Tab. 4-5: Erfolgsfaktorenstudien zum E-Commerce in einer Gegenüberstellung.
Quelle: Böing (2001)

4.3 Literaturanalyse

In der Fachliteratur ist die Kundenzufriedenheitsforschung teilweise umstritten. Die in Kapitel 4.1.2 beschriebene M/H-Theorie wird zwar als Grundlage für darauf aufbauende Modelle verwendet, ist aber ebenfalls Gegenstand zahlreicher Kritiken.[147] Wie in Kapitel 4.1.2 dargestellt, vertritt Herzberg die Ansicht, dass die Kundenzufriedenheit eine dichotome Eigenschaft ist, demnach beide Zustände gleichzeitig auftreten können. Diese Auffassung sowie die Tatsache, dass es sich bei der M/H-Theorie um eine Arbeitszufriedenheitstheorie handelt, erschweren eine Adaption auf die vorliegende Aufgabenstellung. Die Messung der Kundenzufriedenheit der Inhalteanbieter von OWB bringt viele komplexe Zusammenhänge, die nach Ansicht des Autors eine differenziertere Betrachtungsweise erfordern.

Eine weite Verbreitung im Rahmen der Kundenzufriedenheitsforschung hat das C/D-Paradigma erlangt.[148] Darauf aufbauend finden sich Theorien, welche die Auswirkun-

---
[147] Vgl. Weinert (1992), S. 268.

gen der Kundenzufriedenheit behandeln wie bspw. die Equity Theorie oder die Lerntheorie. Insbesondere die Grundansicht für den Aufbau des Konstrukts Kundenzufriedenheit ist äußerst aufschlussreich, um den Begriff ansich zu veranschaulichen. Die Arbeiten von Kano greifen beide Ansätze auf und zeigen ein Modell, welches geignet erscheint, um eine ausreichen differenzierte Betrachtung der Zufriedenheitstreiber bei der Online-Werbevermarktung vorzunehmen. Insbesondere die Operationalisierung der Kundenzufriedenheit mit der Messmethode der CS-Koeffizient unterstützt das Auffinden von elementaren Elementen, welche die Kundenzufriedenheit wesentlich beeinflussen. Im folgenden wird das Kano-Modell sowie die Kano-Befragung für die weitere Betrachtung genutzt.

Die Erfolgsfaktorenforschung steht noch weitaus stärker in der Kritik.[149] Bereits bei ihrer Identifikation, der Auswahl sowie der Einordnung nach Wichtigkeiten treten große Unsicherheiten auf. Erfolgsfaktoren können sich auch bei Wandel der Umweltbedingungen schnell ändern. Eine stetige Überwachung ist aus diesem Grund von esentieller Bedeutung. Insbesondere Studien, welche die Identifikation von Performance als abhängige Variable (PaaV) zum Zwecke der Erfolgsfaktorenforschung in Ansatz bringen, sind hoch umstritten.[150]

---

[148] Vgl. Oliver (1996).

[149] Vgl. Nicolai/Kieser (2002), S. 579, sowie Marh/Sutton (1997). Marh ist der Auffassung, dass Erfolge im Verständniss der Erfolgsfaktoren eines Unternehmens selbst destruktiv sind, d.h. die Verbreitung des Wissens um Erfolgsfaktoren diese unwirksam mache.

[150] Vgl. Marh/Sutton (1997).

5 Entwicklung eines Kundenzufriedenheitsmodells für Online-Werbebörsen

5.1 Methodik und Konzeption

Bei der Identifikation der Produktanforderung und Klassifizierung der Eigenschaften nach Q1 - Q3 können im Falle der vorliegenden Untersuchung keine der von Sauerwein angeführten Untersuchungsmethoden (Kapitel 4.1.3) eingesetzt werden, da ein direkter Zugriff auf die Zielgruppe aus Gründen der noch geringen Verbreitung von OWB im Rahmen dieser Studie nicht möglich ist. Jedoch kann eine Befragung von Kunden weit verbreiteter Vermarktungsnetzwerke erfolgen und aus den Ergebnissen ein Rückschluss auf die (latenten) Bedürfnisse der Kunden im Hinblick auf OWB erfolgen.

Im Folgenden wird darum auf eine alternative Untersuchungsmethode zurückgegriffen die auf eigener Methodik beruht und sich an die von Sauerwein vorgeschlagenen Methoden anlehnt. Eine Aufspaltung in Leistungsanforderungen und daraus abgeleiteter Kundenzufriedenheitskriterien erfolgt unter Anlehnung an die von Beutin vorgeschlagenen Methoden zur Messung der Kundenzufriedenheit.[151] Im hier angewendeten Verfahren wird zunächst eine Herleitung der Leistungsparameter durch Literaturanalyse unter eingehender Berücksichtigung des Untersuchungsobjektes vorgenommen. Es folgt eine Ermittlung der jeweiligen Kundenzufriedenheitskriterien durch persönliche Erfahrungen des Autors gekoppelt mit einer Literaturanalyse.

Auf der Basis der ermittelten Kundenzufriedenheitskriterien wird ein Kundenzufriedenheitsmodell entwickelt, welches im Rahmen der folgenden empirischen Untersuchung nach dem Kano-Modell überprüft wird. Unter Zuhilfenahme des neu entwickelten Modells wird ein Fragebogen gestaltet der unter Hinblick auf die Problemstellung der Studie und die in Kapitel 1.2 aufgeführten Forschungsfragen F1 - F4 bei der potentiellen Zielgruppe von OWB eingesetzt wird ($n = 10$). Der Fragebogen befindet sich in Anhang B. Bei der Auswahl der Teilnehmer wurde auf eine ausgeglichene Aufteilung nach Größenklassen geachtet um eine Beantwortung der Forschungsfrage F4 zu ermöglichen. Größenklasse A enthält fünf Teilnehmer mit Long Tail typischen Charakteristika, während Größenklasse B fünf Anbieter von reichweitenstarken Angeboten enthält.

Die Antworten der Befragung werden im Kapitel 6 mittels der Kano-Lösungsmatrix (Seite 29) und der Formeln 1 sowie 2 (Seite 30) in den CS-Koeffizient überführt und tabellarisch festgehalten sowie im Diagramm (Abb. 6-2) visualisiert. Zu beachten ist auch der qualitative Teil der Befragung der eine differenziertere Betrachtung des Sachverhaltes ermöglichen soll. Eine Transkription findet sich in Anhang C.

---

[151] Vgl. Beutin (2001), S. 103.

5.2 Herleitung der Leistungsparameter

Wie bereits dargelegt ist der Wegfall von Vertriebsmitarbeitern das Hauptunterscheidungskriterium von Werbenetzwerk zu Werbebörse. Somit liegt der Schwerpunkt der Untersuchung auf der Handelsplattform und nicht auf dem Werbemittel oder dessen Auslieferung. Bei der Ermittlung potentieller Leistungsparameter zur Bestimmung der Kundenzufriedenheitskriterien für OWB liegt der Fokus zunächst bei dem Gesamteindruck der Plattform. Moranz[152] vertritt die Ansicht, dass der Gesamteindruck der Plattform mit dem Vertrauen in die gelisteten Inhalteanbieter korreliert. Je positiver der Gesamteindruck der Plattform, desto höher die Wahrscheinlichkeit, dass man den auf der Plattform gelisteten Inhalteanbietern vertraut. Den ersten Leistungsparameter (K1) in der Befragung bildet aus diesem Grunde der Gesamteindruck der Plattform. Das Vertrauen in die Plattform ist ein wichtiger Faktor, wenngleich er im Hinblick auf Kapitel 4.1.2 als Hygienefaktor einzustufen ist.

Um die latenten Bedürfnisse der Kunden zu treffen und Begeisterung bei ihnen auszulösen, bedarf es eines Systems, das selbstlernend arbeitet, die Bedürfnisse eigenständig erkennt und darauf eingeht. Bui[153] stellt fest, dass die Stärke von eBay nicht die Tatsache ist, dass es sich um eine Auktionsplattform handelt, sondern dass die Mitglieder durch Ihre gegenseitigen Bewertungen den Kern des Systems mit jeder Transaktion erweitern. Verfolgt man diesen Denkansatz weiter, kommt man zu dem Ergebnis, dass die Weiterentwicklung des Systems durchaus bis zu einem gewissen Grad dem Kunden überlassen werden kann solange er mit den richtigen Werkzeugen und Befugnissen ausgestattet ist. Somit entstehen durch die Kundenintegration nicht nur Netzwerkeffekte, sondern, bedingt durch die interaktive Wertschöpfung, ein Wissenstransfer vom Kunden zum Anbieter.[154] Die Kundenintegration in die Wertschöpfung bildet somit den zweiten zu befragenden Leistungsparameter (K2).

Betreffend der Kundenbindung liefert die Bestandsaufnahme ausgewählter Kundenzufriedenheitsstudien (Tab. 4-4 auf Seite 33) die interessanten Ergebnisse bzgl. den Forschungen von Szmigin/Reppel. Nach Szmigin/Reppel ist die technische Infrastruktur für neue Teilnehmer von großer Wichtigkeit.[155] Hierzu gehören im Hinblick auf OWB bspw. die zuverlässige sowie performante Auslieferung der Werbemittel. Die technische Infrastruktur als weiterer Leistungsparameter, kann somit Rückschlüsse auf die Wechselbereitschaft bzw. Substitutionsbereitschaft der Inhalteanbieter betreffend Frage F1 Aufschluss geben. Somit bildet die Infrastruktur den Dritten zu betrachtenden Leistungsparameter (K3).

Wie in Kapitel 3.3 festgestellt, ist die Unmittelbarkeit des Zugriffs durch eine Automatisierung ein Kernbestandteil von OWB. Bedingt durch eine Vollautomatisierung kann die

---

[152] Vgl. Moranz (2004), S. 59.
[153] Vgl. Bui et al. (2005), S. 14.
[154] Vgl. Reichwald/Piller (2006), S. 44.
[155] Vgl. Szmigin/Reppel (2004), S. 636.

Markteffizient gesteigert werden.[156] Einige Online-Werbenetzwerke, wie bspw. Google AdSense, bieten bereits voll automatisiere Dienste an. Vollautomatisierung stellt darum für viele Inhalteanbieter kein Novum dar und die zugehörige Kundenzufriedenheit kann somit erfragt werden. Die Übertragbarkeit auf OWB ist gewährleistet, da im Rahmen der Automatisierung keine wesentlichen Änderungen zwischen einer OWB und einem Werbenetzwerk bestehen.[157] Die Vollautomatisierung bildet aus diesem Grunde den vierten Leistungsparameter (K4).

Um die Effizienz der Werbung zu erhöhen, werden bei OWB mitunter BT-Instrumente zur besseren Zielgruppenschärfe eingesetzt (Vgl. Kapitel 3.4). Gezielte Zielgruppenansprache ist bei der Werbevermarktung eine gängige Methode.[158] BT jedoch stellt eine Produktinnovation dar die noch sehr selten bei der Vermarktung anzutreffen ist, aber hohes Potential aufweist.[159] Das Basiskonzept hinter BT, das gezielt das Verhalten von Konsumenten mit in die Zielgruppenauswahl einbezieht ist indes nichts Neues. Bereits vor 20 Jahren wurden vergleichbare Verfahren bei US-Haushaltswahreneinkäufen angewandt.[160] Im Bezug auf die Online-Vermarktung, können insbesondere Internetseiten des Long Tail durch eine OWB mittels Reichweitenverlängerung erheblichen Mehrwert beziehen (Vgl. Kapitel 3.4). Targeting als Grundform des BT bildet somit den fünften Leistungsparameter (K5).

Wie Kuo feststellt, ist die Service-Qualität eine entscheidende Komponente innerhalb von Online-Communities.[161] Der Kundenservice als eine Ausprägung der Serviceleistung ist insbesondere im Hinblick auf die in Kapitel 3.3 angesprochene Automatisierung von Interesse. Guter Kundenservice ist für den nachhaltigen Erfolg von Unternehmen ein wesentlicher Faktor.[162] Fraglich ist, ob es den bestehenden Playern der Online-Werbevermarktung gelungen ist einen zufriedenstellenden Kundenservice anzubieten, trotz Automatisierung und der damit verbundenen Anonymisierung. Kundenservice bildet somit den sechsten Leistungsparamete (K6).

Ein weiterer Kernbestandteil einer OWB ist die Auktionierung als Mittel der Preisfindung. Kapitel 3.5 verdeutlicht die Wichtigkeit dieses Merkmals. Wie die Literaturanalyse im genannten Kapitel zeigt, ist eine Preisbewegung hin zu niedrigeren bzw. höheren Preisen durch die Substitution von Verhandlungen mittels Vertriebsmitarbeitern zu Gunsten eines Auktionsalgorithmus sehr wahrscheinlich. Insbesondere die Anbieter von Offline-Werbeflächen fürchten einen Preisrückgang durch vollautomatisierte Auktionen.[163] Auf

---

[156] Vgl. Oh/Lucas (2006), S. 756.

[157] Vgl. Guth/Delaney (2007), S. B2.

[158] Vgl. Sloan (2007), S. 3.

[159] Vgl. Croft (2007), S. 36, Schmidt (2007a), S. 19 sowie Wahren (2004), S. 19.

[160] Vgl. Croft (2007), S. 37.

[161] Vgl. Tab. 4-4.

[162] Vgl. J.Peters/Waterman (2006), S. 257.

der anderen Seite kann eine faire Findung des Marktpreises erfolgen, sofern durch eine ausreichende Anzahl an potentiellen Kunden und Anbietern das Transaktionsvolumen ausreichend hoch ist.[164] Somit bildet die Auktionierung ein potentielles Begeisterungsmerkmal, das als nächster Leistungsparameter (K7) mit in die Untersuchung eingeht.

Um eine besondere Kundenbindung zu erreichen und sich von den Werbenetzwerken abzugrenzen, setzen einige OWB Community-Funktionen innerhalb ihrer Plattformen ein. Communities sind typischerweise unternehmensübergreifende Wertschöpfungsnetzwerke bei denen die beteiligten Parteien untereinander interagieren.[165] In diesem konkreten Fall steht der Versuch im Vordergrund die Wechselkosten für die Kunden künstlich zu erhöhen. Aufgrund von Wechselkosten entstehen Situationen, welche die Inhalteanbieter in ihrer Entscheidung, zu einem Wettbewerber zu wechseln, einschränken können (Lock-in).[166] Online-Communities bieten auch den Vorteil einer Selbstsegmentierung,[167] d.h. die Teilnehmer (im betrachteten Fall die Inhalteanbieter sowie die Werbetreibenden) ordnen sich selbstständig in ihre gewünschten Zielgruppen ein. Online-Communities sind im Rahmen von Werbenetzwerken eher unbekannt, jedoch sind grundlegende Community-Funktionen in der heutigen Zeit weit verbreitet und können somit als Kriterium abgefragt werden. Community bildet den achten Leistungsparameter (K8).

Zur Verringerung der Informationsassymetrie zwischen Käufern und Verkäufern innerhalb einer OWB kann die Markttransparenz, d.h. die Einsichtnahme in Gebote von Konkurrenten bzw. erzielten Preisen von Wettbewerbern, zu einer fairen Preisfeststellung führen (Vgl. Kapitel 3.6). Der Begriff Markttransparenz bezieht sich hier auch auf die Verfügbarkeit von Informationen, die dem Kunden dazu dienen können, offene Fragen zu klären und damit Risiken sowie Ungewissheit zu minimieren.[168] Die Markttransparenz bildet den neunten Leistungsparameter (K9).

K1	K2	K3	K4	K5	K6	K7	K8	K9
Gesamteindruck	Kundenintegrat.	Infrastruktur	Vollautomatisier.	Targeting	Kundenservice	Auktionierung	Community	Markttransp.

Tab. 5-6: Ermittelte Leistungsparameter für eine OWB

Tab. 5-6 fasst die ermittelten Leistungsparameter zusammen. Im folgenden Kapitel 5.3 werden jeweils drei Kundenzufriedenheitskriterien ermittelt und zugeordnet.

---

[163] Vgl. Reznolds (2006), S. 2.

[164] Vgl. Klein (2000), S. 450.

[165] Vgl. Hack (2001), S. 99.

[166] Vgl. Lohse (2002), S. 100.

[167] Vgl. Booz-Allen-Hamilton (2003), S. 130.

[168] Vgl. Schrödter (2002), S. 48.

5.3 Ermittlung der Kundenzufriedenheitskriterien

Auf Basis der zuvor ermittelten Leistungsparameter für OWB werden im Folgenden Kundenzufriedenheitskriterien (Items) herausgearbeitet und entsprechend zugeordnet. Der Autor verfügt über langjährige Branchenerfahrung in der Vermarktung von Online-Werbefläche sowie im Betrieb von vertikalen Internetportalen. Dadurch wird eine gezielte Identifizierung der Kundenzufriedenheitskriterien fachlich kompetent unterstützt und durch Literaturanalyse validiert. Tabelle Tab. 5-7 zeigt die bereits in Tab. 5-6 illustrierten Leistungsparameter auf und ordnet diesen die im Folgenden ermittelten Items zu.

Leistungsparameter	Kundenzufriedenheitskriterien	
	Item	Inhalt
K1	K1-1	Übersichtlichkeit der Plattform
Gesamteindruck	K1-2	Positive Meinungen Dritter
	K1-3	Unternehmensgröße
K2	K2-1	Personalisierte Dienste
Kundenintegration	K2-2	Vom Kunden spezifizierbare Bannergrößen
	K2-3	Einbeziehung von Kudenwünschen in die Weiterentwicklung
K3	K3-1	Performante Auslieferung der Werbung
Infrastruktur	K3-2	Hochverfügbarkeit des Systems
	K3-3	Direkte Anbindung über XML Schnittstelle
K4	K4-1	Eigenständige Anmeldung und Verwaltung
Vollautomatisierung	K4-2	Unabhängigkeit von Bürozeiten und Zeitzonen
	K4-3	Unmittelbarer Zugriff auf Auswertungsdaten
K5	K5-1	Reichweitenverlängerung durch BT
Targeting	K5-2	Einbeziehung von Nutzerdaten
	K5-3	Integration von Geo-Targeting
K6	K6-1	Zuverlässigkeit
Kundenservice	K6-2	Reaktionsbereitschaft
	K6-3	Fachliche Kompetenz
K7	K7-1	Mindestpreis Festlegungsmöglichkeit
Auktionierung	K7-2	Verkauf von Werbeflächenkontingenten im vorraus
	K7-3	Veröffentlichung aller Gebote
K8	K8-1	Integration von Bewertungs- und Kommentierungssystemen
Community	K8-2	Hohe Anzahl der Marktteilnehmer
	K8-3	Direkte Kontaktmöglichkeiten innerhalb der Marktteilnehmer
K9	K9-1	Führung von einsehbaren Performancerankings
Markttransparenz	K9-2	Sichtbarkeit erzielter Preise
	K9-3	Sichtbare Informationen zu den Marktteilnehmern

Tab. 5-7: Leistungsparameter für OWB's und deren Kundenzufriedenheitskriterien

K1 Gesamteindruck Wie bereits in 5.2 festgestellt, korreliert der Gesamteindruck mit dem Vertrauen der Kunden in die Plattform. Vertrauensbildende Maßnahmen können die Risikowahrnehmung des Kunden reduzieren. Beispielsweise kann eine Nutzerintegration mittels öffentlich sichtbarem Rückkanal (feedback) oder einer Bewertungsmöglichkeit das Vertrauen in die Plattform stärken.[169] Persönliche Meinungen Dritter sind somit ein wichtiges Kriterium. Die Übersichtlichkeit der Plattform ist ebenfalls ein wesentliches Kriterium das den Gesamteindruck prägt. Als drittes Kriterium dient die Unternehmensgröße.

K2 Kundenintegration Eine Form der Kundenintegration ist die Personalisierung, d.h., dass sich die Kunden aus der Informationsmenge genau den Teil heraussuchen können, der für sie von besonderem Interesse ist und den sie durch individuelle Anpassungen als Standardeinstellung definieren können.[170] Personalisierte Dienste bilden aus diesem Grunde ein wesentliches Zufriedenheitskriterium des Leistungsparameters Kundenintegration. Als weitere artverwandte Ausprägung der Personalisierung kann im Zusammenhang mit der Werbevermarktung von Online-Medien die individuelle Spezifizierung von Bannergrößen angesehen werden. Hierbei entscheidet der Inhalteanbieter selbst über die Integrationsgröße der Werbemittel. Zu beachten ist, dass dieses Vorgehen einen Bruch mit der von Zeithammer erwähnten Notwendigkeit von homogenen Gütern bei Auktionsplattformen darstellt.[171] Da für die vorliegende Befragung die Ermittlung der Kundenzufriedenheit wesentlich ist, bildet die Spezifizierung von Bannergrößen das zweite Kriterium. Die Kombination von Informationen und Wissen aus der Domäne des Kunden bildet einen essentiellen Bestandteil der Kundenintegration.[172] Als letztes Item dieser Gruppe findet somit die Einbeziehung von Kundenwünschen in die Weiterentwicklung Beachtung.

K3 Infrastruktur Die Kundenzufriedenheit hat einen signifikanten Zusammenhang mit der empfundenen Qualität des Diensleistungsangebots.[173] Im Zusammenhang mit der Infrastruktur als Leistungsausprägung einer OWB, gilt die performante Auslieferung der Werbung sowie die Hochverfügbarkeit des Systems nach Ansicht des Autors zu den wesentlichen Qualitätskriterien. Verlangsamt die Auslieferung der Werbung das Portal des Kunden würde dies in einem erheblichen Nachteil für ihn resultieren. Die Integration der Werbemittel erfolgt häufig über das Einfügen von geringem Programmcode, der technisch betrachtet das Werbemittel nachträglich in den Inhalt einfügt. Aus der Sicht des Inhalteanbieters ist es jedoch besser das Werbemittel direkt zu integrieren, was mittels einer anderen Technologie (XML) möglich ist. Die direkte Anbindung über eine XML Schnittstelle bildet darum ein weiteres Item bei der Infrastruktur.

K4 Vollautomatisierung Ein Mittel, die Wechselbereitschaft von Kunden der Wettbe-

---

[169] Vgl. Urban/Sultan/Quails (2000), S. 41.

[170] Vgl. Schumann/Greve-Kramer (2001), S. 175.

[171] Vgl. Zeithammer (2006), S. 474.

[172] Vgl. Reichwald/Piller (2006), S. 49.

[173] Bauer/Hammerschmidt (2004), S. 210.

werber zu erhöhen, ist bspw. die in Kapitel 4.1.6 beschriebene Verringerung von hohen Einarbeitungs- bzw. Lernphasen der Mitarbeiter des Kunden. Durch einen möglichst unkomplizierten Anmeldevorgang können die Eintrittsbarrieren niedrig gehalten werden. Über eine Eigenständige Anmeldung und Verwaltung mittels Kundenkonten kann dies bewerkstelligt werden. Die Unabhängigkeit von Bürozeiten und Zeitzonen kann die Eintrittsbarieren weiter senken. In diesem Zusammenhang kann ein unmittelbarer Zugriff auf Auswertungsdaten möglicherweise die Kundenzufriedenheit positiv beeinflussen und dem Konsumenten den Eindruck hoher Freiheitsgrade vermitteln.

K5 Targeting Das Targeting verhilft den Werbetreibenden ein homogenes Publikum anzusprechen, d.h., dass bspw. die Interessengebiete der angesprochenen Zielgruppe einem einheitlichen Muster entsprechen.[174] Dem Kunden wiederum steht dem Marketingziel der Werbetreibenden die Verringerung ihrer Einnahmen gegenüber, da mit hoher Wahrscheinlichkeit durch diese Einschränkung nicht alle Seitenabrufe verkauft werden können. Wie in Kapitel 3.4 erläutert stellt das BT ein Mittel zur Reichweitenverlängerung in Kombination mit einer Schärfung der gewünschten Zielgruppenansprache dar. Die Reichweitenverlängerung durch BT bildet das erste Kundenzufriedenheitskriterium. Auch die evtl. vorhandene Nutzerdaten des Inhalteangebots sind für die gezielte Zielgruppenansprache von großem Nutzen, falls die Kunden dieses Vorgehen unterstützen. Die Einbeziehung von Nutzerdaten bildet das zweite Kriterium. Als letztes Item wird die Kundenzufriedenheit durch die Integration von Geo-Targeting abgefragt da es bei einer OWB prinzipiell möglich ist, geographische Märkte zu überschreiten.

K6 Kundenservice Die Kundenkontaktpunkte in einer OWB sind im Wesentlichen durch Supportanfragen definiert, da auf der Plattform eine Vollautomatisierung ohne jegliche Vertriebsmitarbeiter vorherrscht.[175] Somit lässt sich der Service am Kunden und dessen Zufriedenheit anhand der Servicequalität im Support messen. Mögliche Dimensionen der Servicequalität sind: Zuverlässigkeit, Reaktionsbereitschaft, Sicherheit und Kompetenz.[176] Zur Zuverlässigkeit zählt die Fähigkeit, den versprochenen Service verlässlich und akkurat zu erfüllen. Die Reaktionsbereitschaft wird von Rapp als Wille und die Schnelligkeit bei der Lösung von Kundenproblemen definiert. Als Sicherheit und Kompetenz gilt laut Rapp die Verlässlichkeit, Höflichkeit und die Leistungskompetenz der Angestellten. Diese Dimensionen lassen sich direkt in folgende drei Items überführen: Zuverlässigkeit, Reaktionsbereitschaft, fachliche Kompetenz.

K7 Auktionierung Um das ökonomische Risiko für den Inhalteanbieter zu reduzieren, ist es denkbar einen Mindestpreis vor Auktionsbeginn festzulegen. Online-Auktionen bieten eine Vielzahl von Risiken für die beteiligten Parteien, durch die Festsetzung der Mindestpreise kann die Preisfindung und Effizienz vergrößert werden.[177] Die Festlegung ei-

---

[174] Vgl. Kleindl/Theobald (2000), S. 267.

[175] Vgl. Rizk-Antonious (2002), S. 58.

[176] Vgl. Rapp (1995), S. 65.

nes Mindestpreises bietet somit ein zu befragendes Item. Um die Planungssicherheit zu erhöhen, sowie die zeitliche Risikokomponente zu reduzieren, kann auf das Mittel des Verkaufs im Voraus zurückgegriffen werden. Der Verkauf von Werbeflächenkontingenten im Voraus bildet somit das nächste Item. Als weiteres Item, das durchaus auch zum Leistungsparameter Markttransparenz zählt, gilt die Veröffentlichung aller Gebote. Dieses Vorgehen kann einen positiven Einfluss auf das Marktverhalten haben.[178]

K8 Community Durch die Integration von Bewertungs- und Kommentierungssystemen lässt sich der im vorangehenden Kapitel erwähnte Lock-in-Effekt erzielen. Neben dem Nutzen, der durch diese Systeme für die Kunden erzielt wird, ist auch ein Lock-in-Effekt zu beobachten. Die Teilnehmer können ihre Bewertungen nicht zu Wettbewerbern transferieren, was die in den Fragen F2, F3 und in Kapitel 4.1.6 angesprochene Wechselbereitschaft beeinflussen kann. Eine hohe Anzahl der Marktteilnehmer vergrößert diesen Effekt noch und schafft höhere Netzwerkeffekte. Eine weitere Möglichkeit, Kunden an ein Unternehmen zu binden, ist, sie untereinander zu binden.[179] Communities bieten die Möglichkeit der multidirektionalen Interaktion,[180] d.h. sämtliche beteiligten Parteien können untereinander in Kontakt treten. Die direkten Kontaktmöglichkeiten innerhalb der Marktteilnehmer bilden somit ein weiteres Kundenzufriedenheitskriterium innerhalb des Leistungsparameters Community.

K9 Markttransparenz Informationen zum Markt sowie zu den Marktteilnehmern werden während der Informationsphase, der Anbahnung, durch die OWB in ihrer Funktion als elektronischer Marktplatz vermittelt.[181] Hierzu gehören bspw. die Sichtbarkeit erzielter Preise sowie die Führung von einsehbaren Performancerankings. Informationsaktivitäten der Austauschpartner (Screening/Signaling) reduzieren die Unsicherheit bzgl. der Preis- und Qualitätsbeurteilung.[182] Ausführliche von allen Marktteilnehmern einsehbare Informationen zu jedem Teilnehmer, bilden somit das Dritte Item innerhalb dieser Gruppe.

Die ermittelten Items wurden in persönlichen Gesprächen mit zwei Betreibern von Internetportalen überprüft und als aussagekräftig eingestuft.

5.4 Entwicklung des Fragebogens

Die Entwicklung des Fragebogens erfolgte in Anlehnung an die in Kapitel 4.1.3 beschriebene Methode der Kano-Befragung. Hierbei werden die Items K1-1 bis K9-3 jeweils in

---

[177] Vgl. Vulkan (2005), S. 177, sowie Vulkan (2005), S. 200.

[178] Vgl. Vulkan (2005), S. 204.

[179] Vgl. Mühlenbeck/Skibicki (2007), S. 78.

[180] Vgl. Wiedemann (2001), S. 223.

[181] Vgl. Kollmann (2000), S. 125.

[182] Vgl. Weiber/J.Adler (1995), zitiert nach: Bauer/Hammerschmidt (2004), S. 199.

funktionale- und dysfunktionale Fragestellungen überführt. Zusätzlich wurde in Anlehnung an Sauerwein ein weiteres Item je Leistungsparameter eingeführt, das die momentane Kundenzufriedenheit auf einer fünfstufigen Antwortskala von »trifft vollkommen zu« (kodiert als 1) über »trifft teils teils zu« (kodiert als 3) bis »trifft gar nicht zu« (kodiert als 5) feststellen soll. Die Expertenbefragung erfolgt qualitativ in semistrukturierten Interviews, was als weiteres Item einen freien Kommentar ermöglicht. Dadurch sollen Eindrücke erfasst werden, die über die in Kapitel 5.3 ermittelten Kundenzufriedenheitskriterien hinaus gehen. Als Einleitung und Abschluss wird jeweils zu Beginn sowie am Ende einer jeden Befragung der Interviewpartner nach einer generellen Meinung zu seinen momentanen Erfahrungen bei der Werbevermarktung befragt. Durch dieses Vorgehen sollen die vom Autor evtl. nicht berücksichtigten Punkte erfasst werden.

Die Befragung wurde im Rahmen eines Pretests, an ausgewählte persönlich bekannte Betreiber von Internetportalen, auf Fehler und mögliche Verbesserungen überprüft.[183] Der Fragebogen findet sich in Anhang B.

5.5 Ableitung des Kundenzufriedenheitsmodells

Wie in den vorangehenden Kapiteln erörtert, lassen sich nach Kano drei wesentliche kundenzufriedenheitsbestimmende Faktoren unterscheiden. Abb. 5-1 zeigt die in Kapitel 5.2 ermittelten Leistungsparameter K1-K9 die den drei Faktoren zugeordnet sind.

Abb. 5-1: Modell der Kundenzufriedenheit bei der Online-Vermarktung

Die Kundenzufriedenheitskriterien aus Kapitel 5.3 gehen jeweils mit unterschiedlichen CS-Koeffizient in die Leistungsparameter mit ein. Als Basisfaktoren wurden drei Parameter bestimmt, die bei Nichterfüllung der Erwartungen potentiell zu hoher Unzufriedenheit führen, jedoch selbst bei perfekter Erfüllung nicht zu einer gesteigerten Zufriedenheit beitragen können. Die Leistungsfaktoren wiederum enthalten drei Leistungsparameter, die

---

[183] Ein derartiges Vorgehen wird in der Fachliteratur empfohlen. Durch den Pretest sollen im Vorfeld der Erhebung Ungereimtheiten ausgeräumt werden. Vgl. hierzu Kirchhoff et al. (2003), S. 24.

je nach Erfüllungsgrad zur Unzufriedenheit bzw. Zufriedenheit führen können. Insbesondere im Bezug auf die Forschungsfrage F1 fällt auf diese Parameter besondere Beachtung, da nach Kano ein linearer Zusammenhang der Erfüllung mit der Zufriedenheit angenommen werden kann. Die letzte Stufe bilden die Begeisterungsfaktoren, die wenn sie vorhanden sind zu extremer Zufriedenheit und somit potentiell zu hoher Kundenloyalität und geringer Wechselbereitschaft beitragen können. Bedingt durch die Eigenschaften der kundenzufriedenheitsbestimmenden Faktoren sind diese hintereinander angeordnet um die Abhängigkeiten untereinander zu illustrieren. Werden die Basisanforderungen nicht zufriedenstellend erfüllt, entfällt selbst den Begeisterungsanforderungen die Grundlage für eine hohe Kundenzufriedenheit.

6 Empirische Untersuchung

Die mit Hilfe der theoretischen Grundlagen entwickelten Leistungsparameter für OWB sowie deren zugeordnete Zufriedenheitstreiber sind Vermutungen, die zuvor in ein Modell der Kundenzufriedenheit bei der Online-Werbevermarktung überführt wurden. Aufgrund dieser Vermutungen können die Forschungsfragen jedoch nicht mit Bestimmtheit beantwortet werden. Aus diesem Grund werden diese empirisch innerhalb einer explorativen Analyse überprüft. Im Folgenden wird die Untersuchung beschrieben und es werden die zur Forschungsfragenüberprüfung verwendeten Ergebnisse gezeigt. Es folgt eine Auswertung sowie Interpretation mit anschließender Beantwortung der Forschungsfragen.

6.1 Datenerhebung

Die eigentliche Befragung wurde in einem Zeitraum von sieben Arbeitstagen mit Hilfe eines strukturierten Interviews telefonisch durchgeführt. Dazu wurden aus der Grundgesamtheit der Internetseiten Angebote ausgewählt, die (semi)professionelle vertikale Internetportale darstellen. Ausgangspunkt des Auswahlprozesses waren zahlreiche Suchmaschinen sowie themenspezifisch gegliederte Verzeichnisse von Internetangeboten wie bspw. Alexa[184] sowie DMOZ[185]. Eine Vollständigkeitsprüfung entfällt bei der aktiven Telefonbefragung, jedoch kann eine Responsquote auf Anfragen von über 25 % festgestellt werden. Der Zeitumfang der vollständigen telefonischen Erhebung eines Untersuchungsobjektes belief sich im Mittel auf etwa 40 Minuten.

6.2 Charakterisierung der Stichprobe

Die Basis für die Untersuchung bildet eine Stichprobe von zehn Betreibern vertikaler Internetportale in unterschiedlichen Themengebieten. Die Erhebung wurde innerhalb des deutschen Marktes durchgeführt, und beinhaltet dementsprechend nur Internetportale in deutscher Sprache. Um eine Beurteilung nach Größenklassen sowie eine Beantwortung der Frage F4 zu ermöglichen, wurden die Ergebnisse in zwei Größenklassen eingeteilt. Größenklasse A, repräsentiert Long Tail typische Größenmerkmale und weist nach eigener Definition Zugriffszahlen von unter zwei Mio. Seitenabrufen pro Monat auf. Größenklasse B, überschreitet diese Reichweite und zählt nicht mehr zum Long Tail. Im Bezug auf die Verteilung nach Größenklassen ist ein ausgeglichenes Verhältnis der beiden Größenklassen beabsichtigt gewesen um eine bessere Beurteilung der spezifischen Unterschiede zu ermöglichen. Tab. 6-8 zeigt die demographischen Charakteristika der

---

[184] http://www.alexa.org

[185] http://www.dmoz.org

Stichprobe. Die Indikatoren *Alexa Site Rank* sowie *Google Page Rank* ermöglichen eine erste Einschätzung bzgl. der Reichweite der Angebote. Genauere Angaben seitens der Inhalteanbieter wurden in Charakteristika D2 festgehalten. D5 und D6 dienen dazu die Erreichbarkeit des Ansprechpartners für Marketing sowie den Zeitaufwand einschätzen zu können der für den Betrieb des Angebots notwendig ist. Im Bezug auf Forschungsfrage F4 können diese Angaben in Kombination mit den Items K4 (Automatisierung) sowie K8 (Community) zu einer Identifizierung von latenten Kundenwünschen führen. Charakteristika D7 - D9 wurden in die Erhebung aufgenommen, da wie in Kapitel 4.1.6 ermittelt, die Attraktivität der Alternativen aus Preisgründen ein Motiv für die Abwanderung darstellt. Dies ist für die Beantwortung der Forschungsfragen F2 und F3 von Bedeutung.

Item	Beschreibung		No.	%
D1-1	Größenklasse	A	5	50,0
D1-2		B	5	50,0
D2-1	Reichweite des Angebots	unter 750.000	2	20,0
D2-2		750.000 - 2 Million	3	30,0
D2-3		über zwei Millionen	5	50,0
D3-1	Alexa Site Rank[a]	unter 50.000	6	60,0
D3-2		50.000 - 100.000	2	20,0
D3-3		über 100.000	2	20,0
D4-1	Google Page Rank[b]	1 - 3	1	10,0
D4-2		4 - 5	7	70,0
D4-3		6 und darüber	2	20,0
D5-1	Mitarbeiteranzahl	1 - 2	8	80,0
D5-2		3 - 5	1	10,0
D5-3		mehr als 5	1	10,0
D6-1	Gesellschaftsform	Kapitalgesellschaft	2	20,0
D6-2		Personengesellschaft	1	10,0
D6-3		Einzelunternehmung	7	70,0
D7-1	Bisherige Vermarktung	Durch Vermarkter	3	30,0
D7-2		Eigenvermarktung	0	00,0
D7-3		Beides	7	70,0
D8-1	Anteil der Werbung am Umsatz	unter $1/3$	2	20,0
D8-2		$1/3 - 2/3$	0	00,0
D8-3		über $2/3$	8	80,0
D9-1	Arithm. Mittel des TKP	unter 2 Euro	2	20,0
D9-2		2 - 5 Euro	6	60,0
D9-3		über 5 Euro	2	20,0

[a] Kleiner = besser.
[b] Auf einer Skala von 1-10. Höher = besser.

Tab. 6-8: Demographische Charakteristika der Stichprobe

6.3 Auswertung der Untersuchung

Für die nachfolgende Darstellung und Analyse der empirischen Untersuchungsergebnisse wurde auf die in Kapitel 4.1.3 beschriebene Auswertung nach CS-Koeffizient zurückgegriffen. Zunächst erfolgte eine Aufschlüsselung der Antworten mittels der in Tab. 4-3 aufgezeigten Kano-Lösungsmatrix. Eine Transkription der in das Kano-Modell überführten Antworten findet sich in Tab. 6-9. Die Werte ØA sowie ØB sind bei den Items K_n-1 bis K_n-3 Auswertungen der Anforderungsparameter nach Häufigkeiten. Bei den Items K_n-4 stellen sie arithmetische Mittelwerte der direkt erfragten Kundenzufriedenheit mit den jetzigen Vermarktern in den jeweiligen Leistungsparametern dar. Um eine Auswertung nach dem CS-Koeffizient zu ermöglichen wurden mit Hilfe der Formeln 1 sowie 2 (Seite 30) der SII und DDI ermittelt und in Tab. 6-10 festgehalten. Die beiden Kennziffern sind in Grafik Abb. 6-2 nach Größenklassen getrennt abgebildet.

Da n in dieser Untersuchung klein ist (10) ist die Validität der CS-Koeffizient eingeschränkt. Insbesondere die Leistungsanforderungen sowie der Indifferenzbereich sind in der Auswertungsmatrix nach Kano sehr breit gefasst. Aus diesem Grunde erscheint es vor dem Hintergrund der qualitativen Befragung ratsam, eine genauere Betrachtung der individuellen Antworten vorzunehmen. Es lässt sich generell eine Tendenz zu Begeisterungsanforderungen in der Auswertung feststellen, die aber bei detaillierter Betrachtung der qualitativen Antworten K_n-4 leicht überbewertet erscheint.

Der telefonische Kontakt mit den Befragten erlaubt eine subjektive Einschätzung von Parameter die nicht in Kategorien festgehalten wurden, aber dennoch erwähnenswert sind. Bedingt durch die hohe Aktualität des Themas scheint bspw. teilweise ein Verständnis für die Themen zu fehlen da diese noch relativ unbekannt sind. Dies gilt insbesondere für die Fragen zu BT. Einige Antworten von Befragten scheinen dadurch verfälscht worden zu sein. Jedoch lässt sich eine Tendenz erkennen, welche Parameter latente Kundenbedürfnisse darstellen und welche nicht. Des Weiteren drängte sich der Eindruck auf, dass die allermeisten Befragten übertreiben, was insbesondere ihre Zugriffszahlen betrifft. Das kann zum einen darauf zurückzuführen sein, dass vor allem die kleinen Anbieter die genauen Zugriffszahlen gar nicht kennen und zum anderen darauf, dass sie einen persönlichen Bezug zum Inhalteangebot aufweisen. Bei professionellen Anbietern wirken die Zugriffszahlen wesentlich realistischer. Sowohl D3 als auch D4 weisen im Long Tail darauf hin dass die angegebene Reichweite zu hoch angesetzt ist.

Google AdSense wird von vielen als „Die Vermarktungsplattform" angesehen und somit als Vergleichsstandard betrachtet. Da das System in den Grundfunktionen einer OWB sehr nahe ist, unterstützt dies die Untersuchung maßgeblich. Kleinere Anbieter kennen häufig nur dieses System da traditionelle Vermarkter wie bereits dargelegt nicht über ausreichend Mitarbeiter verfügen, um eine Geschäftsanbahnung erfolgreich abzuschließen.

	Größenklasse A						Größenklasse A			GK A		
Item	IP 1	IP 2	IP 3	IP 4	IP 5	IP 6	IP 7	IP 8	IP 9	IP 10	ØA	ØB
K1-1	I	I	A	M	I	M	I	A	M	M	I	M
K1-2	A	A	I	I	I	I	A	I	I	A	A	I
K1-3	I	A	I	A	A	I	M	I	I	I	I	I
K1-4	3	1	3	2	1	2	2	1	2	1	1,6	2,0
K2-1	I	M	I	A	I	M	A	A	A	M	M	A
K2-2	A	A	I	A	I	A	I	A	A	A	A	A
K2-3	O	A	A	A	A	A	A	A	A	A	A	A
K2-4	3	4	1	3	3	3	3	3	2	4	3,4	2,4
K3-1	R	R	R	R	R	R	R	R	R	R	R	R
K3-2	O	A	M	I	A	I	A	A	O	M	A	I
K3-3	A	A	A	I	I	A	I	A	A	A	A	A
K3-4	2	1	1	2	1	1	2	2	1	2	1,8	1,2
K4-1	A	A	A	M	A	A	M	A	I	A	A	A
K4-2	O	O	I	M	O	I	A	A	I	A	A	I
K4-3	M	O	A	M	I	A	O	A	A	M	O	A
K4-4	1	1	1	2	1	1	1	1	3	1	1,0	1,6
K5-1	A	A	I	A	A	A	A	A	R	A	A	A
K5-2	A	A	A	A	A	A	A	A	O	I	A	A
K5-3	A	A	A	I	O	A	A	I	O	A	A	O
K5-4	3	3	2	3	1	1	3	2	1	2	2,6	1,6
K6-1	O	M	O	I	O	M	M	A	M	M	M	O
K6-2	M	A	O	O	O	M	O	A	O	A	A	O
K6-3	M	M	M	M	A	M	O	I	M	A	M	M
K6-4	2	2	2	3	1	3	3	5	1	2	2,8	2,0
K7-1	O	A	A	A	I	A	A	A	O	A	A	A
K7-2	A	I	A	A	A	A	I	A	I	A	A	A
K7-3	A	A	R	A	I	R	I	I	R	R	A	R
K7-4	1	3	3	3	1	2	3	2	1	3	2,4	2,0
K8-1	A	I	I	A	I	I	A	A	I	I	A	I
K8-2	A	A	A	O	O	M	A	M	R	O	A	O
K8-3	O	A	I	A	A	A	O	O	I	I	O	A
K8-4	5	5	5	3	5	5	5	5	5	3	4,6	4,6
K9-1	I	I	R	A	R	A	A	A	R	A	A	R
K9-2	I	A	R	O	A	A	A	A	R	I	A	R
K9-3	M	A	I	A	A	R	R	A	I	A	A	A
K9-4	5	5	4	3	5	4	3	5	1	3	4,2	3,4

A(ttractive): Begeisterungsanforderung, O(ne-dimensional): Leistungsanforderung, M(ust-be): Basisanforderung, Q(uestionable): Fragwürdig, R(everse): Entgegengesetzt, I(ndifferent):Indifferent

Tab. 6-9: Auswertung der Befragung nach der Kano-Methode.

Leistungsmerkmal	Kriterium[a]	Größenklasse A		Größenklasse B		Mittelwerte	
		SII	DDI	SII	DDI	Ø SII	Ø DDI
Gesamteindruck	K1-1	0,20	−0,20	0,20	−0,60	0,20	−0,40
	K1-2	0,80	−0,00	0,00	−0,00	0,40	−0,00
	K1-3	0,20	−0,20	0,40	−0,00	0,30	−0,20
	K1 Ø	0,40	−0,13	0,20	−0,20	0,30	−0,17
Kundenintegration	K2-1	0,40	−0,40	0,40	−0,20	0,40	−0,30
	K2-2	0,80	−0,00	0,60	−0,00	0,70	−0,00
	K2-3	1,00	−0,20	1,00	−0,00	1,00	−0,10
	K2 Ø	0,74	−0,20	0,67	−0,07	0,70	−0,14
Infrastruktur	K3-1	0,00	−0,00	0,00	−0,00	0,00	−0,00
	K3-2	0,80	−0,40	0,40	−0,40	0,60	−0,40
	K3-3	0,80	−0,00	0,60	−0,00	0,70	−0,00
	K3 Ø	0,47	−0,13	0,34	−0,14	0,43	−0,14
Vollautomatisierung	K4-1	0,80	−0,20	0,60	−0,20	0,70	−0,20
	K4-2	1,00	−0,40	0,20	−0,40	0,60	−0,40
	K4-3	0,40	−0,80	0,40	−0,20	0,40	−0,50
	K4 Ø	0,73	−0,47	0,40	−0,27	0,57	−0,37
Targeting	K5-1	1,00	−0,00	0,75	−0,00	0,88	−0,00
	K5-2	0,80	−0,00	0,80	−0,20	0,80	−0,10
	K5-3	0,80	−0,00	0,80	−0,20	0,80	−0,10
	K5 Ø	0,87	−0,00	0,78	−0,14	0,83	−0,07
Kundenservice	K6-1	0,40	−0,80	0,40	−0,80	0,40	−0,80
	K6-2	0,80	−0,40	0,80	−1,00	0,80	−0,70
	K6-3	0,40	−0,60	0,20	−0,80	0,30	−0,70
	K6 Ø	0,54	−0,60	0,47	−0,00	0,50	−0,73
Auktionierung	K7-1	1,00	−0,20	0,80	−0,20	0,90	−0,20
	K7-2	0,60	−0,00	0,80	−0,00	0,70	−0,00
	K7-3	0,50	−0,00	0,50	−0,00	0,50	−0,00
	K7 Ø	0,70	−0,07	0,70	−0,07	0,70	−0,07
Community	K8-1	0,60	−0,00	0,20	−0,00	0,40	−0,00
	K8-2	0,80	−0,40	0,75	−0,75	0,78	−0,58
	K8-3	0,70	−0,16	0,55	−0,48	0,63	−0,32
	K8 Ø	0,70	−0,19	0,50	−0,41	0,60	−0,30
Markttransparenz	K9-1	0,60	−0,00	1,00	−0,00	0,80	−0,00
	K9-2	0,60	−0,00	1,00	−0,33	0,80	−0,17
	K9-3	0,75	−0,75	0,60	−0,00	0,68	−0,38
	K9 Ø	0,65	−0,25	0,87	−0,11	0,76	−0,18

[a] Die Bezeichnungen der jeweiligen Kriterien sind in Tab. 5-7 aufgeführt.

Tab. 6-10: CS-Koeffizient für die einzelnen Kundenzufriedenheitskriterien einer OWB

6.4 Interpretation der Ergebnisse

Durch die ermittelten Leistungsanforderungen der einzelnen Items lassen sich zunächst einige Indizien bezüglich der zu beantwortenden Forschungsfragen feststellen. Eine exzellente Infrastruktur des Intermediäres wird von fast allen Befragten als essentiell betrachtet. Ladezeitverzögerungen des eigenen Inhalteangebots bedingt durch die Werbemittelauslieferung wird zwar von vielen als völlig unakzeptabel betrachtet, aber dennoch toleriert. Ein hoher erzielter Preis für die Werbefläche führt dazu, dass die Inhalteanbieter eine Ladezeitverzögerung ihres Angebots in Kauf nehmen. Hierzu äußert sich der Marketingverantwortliche eines Marktführenden Inhalteanbieters: *„Teilweise führen Werbeauslieferungen zwangsweise zu Ladezeitverzögerungen unsers Angebots ... das passt dann aber schon irgendwie wenn der Preis stimmt."*. Bei einer Betrachtung der Ergebnisse nach Größenklassen fällt auf, dass ein direkter Ansprechpartner beim Vermarkter die Kundenzufriedenheit stark steigern kann (Leistungsmerkmal K6 Kundenservice). Lediglich reichweitenstarke Inhalteanbieter verfügen über einen direkten Ansprechpartner den sie telefonisch kontaktieren können. Die ermittelten Zufriedenheitsunterschiede im Kundenservice im Größenklassenvergleich können darauf zurückzuführen sein. Tab. 6-11 veranschaulicht zusammengefasst die ermittelten Anforderungen nach Leistungsparametern gegliedert.

Gesamt-eindruck	Kunden-integrat.	Infra-struktur	Vollauto-matisier.	Targeting	Kunden-service	Auktion-ierung	Comm-unity	Markt-transp.
I	A	A	A	A	M	A	A	A

A(ttractive): Begeisterungsanforderung, M(ust-be): Basisanforderung, I(ndifferent):Indifferent

Tab. 6-11: Auswertung der Anforderungskategorien für die Leistungsparameter einer OWB

Der mittels Häufigkeitsauswertung bei den einzelnen Leistungsparametern ermittelte dominierende Anteil an Begeisterungsanforderungen (A) deutet auf eine mögliche Fehleinschätzung des in Kapitel 5 ermittelten Kundenzufriedenheitsmodells. Die bspw. angenommenen Leistungsanforderungen Vollautomatisierung (K4), Targeting (K5) sowie Auktionierung (K7) stellten sich als Begeisterungsanforderungen heraus. Eine mögliche Ursache könnte ein zu groß gewählter Schwerpunkt des Autors auf innovativen Merkmalen sein. Es ist jedoch auch denkbar, dass ein zu geringes n zu einem ungenauen Ergebnis geführt hat. Der qualitative Teil bestärkt diese Vermutung. Am Beispiel von K4 lässt sich diese Vermutung stützen. Aussagen wie bspw. *„ich würde mich bei keinem Netzwerk anmelden das nicht automatisiert ist"* weisen eher auf eine Basisanforderung als auf eine Leistungsanforderung hin. Grundsätzlich scheinen jedoch reichweitenstarke Anbieter andere Ansprüche an den Vermarkter zu haben, da sie über mehr Fachkenntnisse verfügen. Betreffend dem Leistungsmerkmal Targeting äußerte sich der Marketingleiter eines reichweitenstarken Portals wie folgt: *"Targeting unterstreicht unser Grundverständnis für Online-Werbung und einer leistungsgerechten Bezahlung. Mit weniger Reichweite mehr erreichen. Damit ist allen gedient."* Inhalteanbieter im Long Tail erkannten solche Zusammenhänge nicht und sahen im Targeting eher eine Einschränkung ihrer Verdienstmöglichkeiten.

Die in Kapitel 1.2 gestellten Forschungsfragen lassen sich aus den gewonnen Erkenntnissen wie folgt beantworten:

Beantwortung F1 Wie Tab. 6-10 verdeutlicht, wurde eine hohe Kundenzufriedenheitsstiftung durch die Leistungsmerkmale Kundenintegration, Targeting, Auktionierung sowie die Markttransparenz festgestellt. Insbesondere das Targeting mit den CS-Koeffizient SII von 0,83 und lediglich einem DDI von −0,07 weisen auf eine potentiell hohe Kundenzufriedenheitsstiftung hin. Dies wird durch die Antworten auf die offenen Fragen gestützt. Betrachtet man die Items innerhalb der Leistungsparameter Targeting so fällt auf, dass BT bei 80 % der Befragten einen Begeisterungsfaktor darstellt, jedoch lediglich eine mittlere Zufriedenheit des gegenwärtigen Vermarkters mit dem Leistungsparameter Targeting gegeben ist (2,6). Dies gilt verschärft ebenfalls für die Marktransparenz, bei der die Vermarkter mit einem Wert von 4,2 sehr schlecht bewertet werden. Kundenintegration und Auktionierung werden im qualitativen Teil der Umfrage eher als Basisfaktoren umschrieben und fallen demnach nicht so stark ins Gewicht da diese wie in Kapitel 4.1.3 erörtert, lediglich Unzufriedenheit verhindern können. Somit ist die zentrale Frage F1 wie folgt zu beantworten: Die Leistungsmerkmale Targeting sowie Markttransparenz sind für die Kundenzufriedenheitsstiftung von besonderer Bedeutung.

Beantwortung F2 Innerhalb der befragten Anbieter reichweitenschwacher Internetseiten (Größenklasse A) sind, wie in Tab. 6-9 zu erkennen ist, die Kundenintegration (K2), Communityfunktionen (K8) sowie die Markttransparenz (K9) schlecht bewertet worden. Nach Tab. C-13 zu urteilen, erscheint vor allem den großen Inhalteanbietern die Kundenintegration wichtig da diese mehr individuelle Werbung verkaufen. In Zukunft kann sich dieser Anspruch des Verkaufs individueller Werbung durchaus auf die kleinen Anbieter übertragen, sofern diese den monetären Nutzenvorteil erkennen. Communityfunktionen sind laut der Untersuchung bei kaum einem Vermarkter implementiert, dadurch sind die Kunden untereinander nicht gebunden. Bindet man diese aber untereinander, so verringert dies wie bereits erörtert die Wechselbereitschaft. Insbesondere bei den reichweitenschwachen Anbietern erwies sich dieser Leistungsparameter als Begeisterungsanforderung. In der Markttransparenz sehen die meisten kleinen Anbieter einen Mangel, der wie in Kapitel 4.1.6 dargestellt zur Abwanderung führen kann. Ist die Zufriedenheit mit den gegenwärtigen Vermarktern nicht ausreichend hoch, dass daraus Loyalität entstehen kann, so ist eine Abwanderung wahrscheinlich.[186] Somit ist die Frage F2 wie folgt zu beantworten: Sowohl Kundenservice als auch Markttransparenz sind maßgeblich für

---

[186] Vgl. Reichheld/Aspinall (1993), S. 26.

die Wechselbereitschaft von reichweitenschwachen Inhalteanbietern hin zu OWB's. Es ist dabei anzumerken dass fehlende Bindungsfunktionen innerhalb der Marktteilnehmer die Wechselbereitschaft erhöhen.

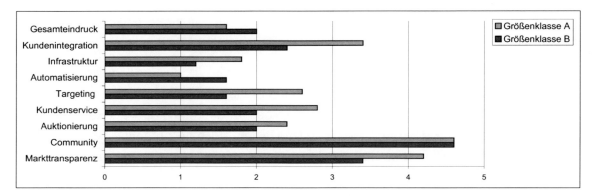

Abb. 6-1: Mittelwerte bei der Befragung der Kundenzufriedenheit. Größer gleich schlechter.

Beantwortung F3 OWB-typische Leistungsmerkmale sind vor allem die Markttransparenz sowie die Vollautomatisierung. Bezüglich der Markttransparenz ist wie zuvor bereits erwähnt eine starke Unzufriedenheit der Kunden festzustellen. Die gegenwärtigen Vermarkter versuchen genaue Angaben innerhalb der Wertschöpfung zu verschleiern. Eine hohe Markttransparenz ist allerdings von den großen Inhalteanbietern auch nicht erwünscht was zu einem R in dieser Kategorie bei der Größenklasse B führt. Die Vollautomatisierung weist im Gegensatz zur Markttransparenz eine hohe Kundenzufriedenheit auf. Wie in Kapitel 4.1.6 erörtert, wechseln Kunden durchaus dennoch zu Wettbewerbern, die ein noch zufriedenstellenderes Angebot aufweisen. Die Untersuchung hat ergeben das die kleinen Anbieter keinen persönlichen Ansprechpartner vom Vermarkter erhalten und nicht durch exklusive Laufzeitverträge gebunden sind. Dies führt zu einer geringeren Kundenbindung. Kleine Anbieter sind dabei eher bereit Neues zu probieren und tendieren eher zum Wechsel. Die Kundenzufriedenheit ist in keinem der betrachteten Leistungsparameter außergewöhnlich hoch. Somit ist die Frage F3 wie folgt zu beantworten: Es liegt keine ausreichend hohe Kundenzufriedenheit innerhalb OWB-typischer Leistungsmerkmal bei traditionellen Werbenetzwerken vor um ein abwandern zu verhindern.

Beantwortung F4 Beim Vergleich der direkt angegebenen Zufriedenheit mit den gegenwärtigen Vermarktern lässt sich ein deutlicher Unterschied zwischen Anbietern im Long Tail Bereich zu reichweitenstarken Anbietern feststellen. Abb. 6-1 illustriert die Zufriedenheit in den einzelnen Leistungsmerkmalen mit den gegenwärtigen Vermarktern. Lediglich beim Gesamteindruck sowie bei der Automatisierung herrscht bei den größeren Anbietern eine leicht höhere Zufriedenheit. In allen anderen Leistungsmerkmalen sind die Betreiber reichweitenschacher Internetseiten unzufriedener mit den gegenwärtigen Vermarktern.

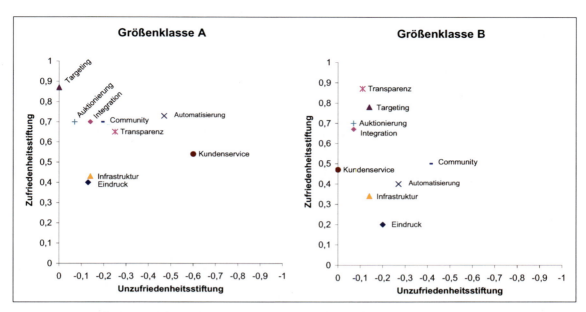

Abb. 6-2: Einfluss der Leistungsmerkmale auf die Kundenzufriedenheit

Betrachtet man den CS-Koeffizient für die jeweiligen Produktmerkmale in Abb. 6-2 lässt sich eine höhere Unzufriedenheitsstiftung bei den kleinen Anbietern feststellen. Im Diagramm kennzeichnet die x-Achse die Unzufriedenheitsstiftung mit dem Wert 0 (keinerlei Auswirkungen auf die Unzufriedenheit) bis −1 maximale Unzufriedenheitsstiftung. Die y-Achse kennzeichnet mit 0 eine neutrale Auswirkung auf die Kundenzufriedenheit und mit +1 maximale Zufriedenheitsstiftung. Daraus kann man schließen das reichweitenschwache Anbieter sensibler auf einzelne Items reagieren. In Kombination mit den zuvor aufgeführten Argumenten lässt sich die Frage F4 wie folgt beantworten: Anbieter reichweitenschwacher Internetseiten sind mit ihren gegenwärtigen Vermarktern unzufriedener als Anbieter reichweitenstarker Internetseiten.

7 Schlussbetrachtung

In dieser Studie wurde die Kundenzufriedenheit in der Werbevermarktung durch OWB's untersucht. Auf einer theoretischen Grundlage zur Kundenzufriedenheit aufbauend, erfolgte eine Ermittlung OWB-typischer Leistungsmerkmale mittels Literaturanalyse. Aus den ermittelten Leistungsmerkmalen wurden jeweils drei Items abgeleitet und in Anlehnung an Kano in ein Kundenzufriedenheitsmodell überführt. Diese wurden im Anschluss daran nach der Kano-Methode in einer Befragung empirisch überprüft und die Untersuchungsergebnisse darauf folgend analysiert und interpretiert.

Die zentrale Fragestellung dieser Studie war, welche Leistungsmerkmale von Werbevermarktungsplattformen für die Kundenzufriedenheitsstiftung von besonderer Bedeutung und welche davon maßgeblich für die Wechselbereitschaft von reichweitenschwachen Inhalteanbietern hin zu OWB's sind. Zur Beantwortung dieser Fragestellung war es notwendig die zentralen Begrifflichkeiten klar zu definieren und die Funktionsprinzipien einer OWB gegenüber traditionellen Online-Werbenetzwerken abzugrenzen. Darauf aufbauend mussten die Leistungsmerkmale ermittelt und empirisch überprüft werden. Bei der Auswertung der Ergebnisse und deren Interpretation erfolgte eine scharfe Trennung zwischen reichweitenschwachen und -starken Anbietern. Durch die Ergebnisanalyse konnte festgestellt werden, dass insbesondere das Targeting sowie die Markttransparenz für die Zufriedenheitsstiftung von besonderer Bedeutung sind. Letztere ist gemeinsam mit dem Kundenservice maßgeblich für die Wechselbereitschaft reichweitenschwacher Inhalteanbieter hin zu OWB's. Hinsichtlich der beiden abgeleiteten Forschungsfragen F3 und F4 wurde festgestellt, dass keine hohe Kundenzufriedenheit innerhalb OWB-typischer Leistungsmerkmale bei traditionellen Werbenetzwerken vorliegt, um ein Abwandern zu verhindern. Vor allem Anbieter reichweitenschwacher Internetseiten weisen eine hohe Wechselbereitschaft auf, da sie unzufriedener mit den gegenwärtigen Vermarktern sind.

7.1 Schlussfolgerung

Die Untersuchungsergebnisse lassen darauf schließen, dass innerhalb der Werbevermarktung von Online-Medien ein großes Potential für Intermediäre gegeben ist, die Funktionsmerkmale einer OWB aufweisen. Die zunehmende Granularität des Inhalteangebots führt verstärkt zu einer Überlastung hybrider Vermarkter und zu einer steigenden Anzahl an automatisierten Vermarktungsplattformen. Die Kundenzufriedenheit, aber auch die Kundenbindung, entscheidet hier maßgeblich über einen langfristigen Unternehmenserfolg. Es ist anzunehmen, dass insbesondere Long-Tail-spezifische Inhalteanbieter von den neuen Möglichkeiten der Werbevermarktung gebrauch machen werden, da eine Reichweitenverknüpfung in einer Kombination mit BT die Vermarktungsnachteile gegenüber reichweitenstarken Inhalteanbietern egalisiert.

7.2 Ausblick und Handlungsempfehlungen

Mit zunehmender Zielgruppenschärfe im WWW ist eine weitere Verschiebung der Werbegelder zu Gunsten des Internet zu vermuten. Die in dieser Studie aufgezeigten Möglichkeiten zur Effektivitätssteigerung bei der Zusammenführung von Angebot und Nachfrage von Werbefläche wird vermutlich zu einer hohen Anzahl an Unternehmensneugründungen im Bereich der Online-Werbebörsen führen. Bedingt durch die Ökonomik der auktionsbasierten many-to-many Börsenprinzipien ist eine breitere Streuung der Werbegelder und somit eine Verstärkung des Long-Tail-Effektes wahrscheinlich. Der in Aussicht stehende starke Wettbewerb unter den neuen Anbietern von Online-Werbebörsen wird zu weiter fallenden Transaktionskosten führen. Eine Konsolidierung des Marktes ist aufgrund der für dieses Betreibermodell nötigen Netzwerkeffekte mittelfristig zu erwarten. Die Kundenzufriedenheit wird, wie diese Studie gezeigt hat, einen wesentlichen Teil zum Erfolg bzw. Misserfolg der neuen Vermarkter beitragen.

- **Handlungsempfehlung 1:** Eine intelligente Verknüpfung von Reichweiten mit einer gleichzeitigen Effektivitätssteigerung der Werbung durch die Einführung von BT ist grundsätzlich zu empfehlen. Das hilft dabei die Rentabilität zu verbessern, die Kundenzufriedenheit zu steigern und die Kunden untereinander und somit an das Unternehmen zu binden.

- **Handlungsempfehlung 2:** Werbevermarkter sollten auf die Wünsche Ihrer Kunden achten und eine Interaktion unter ihnen ermöglichen um sie stärker an die Plattform zu binden. Werbevermarkter mit hybriden Strukturen sollen neben ihrem derzeitigen Angebot in neue Vermarktungsplattformen investieren, die den Long-Tail automatisiert vermarkten können. Ein solches Vorgehen hilft dabei die Kundenzufriedenheit zu steigern und somit einen langfristigen Unternehmenserfolg zu sichern.

7.3 Weiterführende Fragen

Die vorliegende Studie hat gezeigt, dass eine höhere Kundenzufriedenheit bei der Online-Werbevermarktung durch den Einsatz OWB-typischer Leistungsmerkmale erzielt werden kann. In anbetracht der momentanen Marktbewegung hin zu einer Prozesskostenverringerung sowie Effektivitätssteigerung bei der Werbevermarktung ist zu erwarten, dass OWB's zukünftig verstärkt Offline-Werbeformen wie bspw. Radiowerbung, Plakatwerbung und ähnliches vermarkten werden. Aus diesem Grunde stellt sich die Frage, ob eine Übertragung des Modells auf Offline-Medien erfolgreich sein kann. Hierzu sind weitere Forschungen notwendig, um die Anwendbarkeit auf andere Werbeformen abseits des Internet zu ermitteln.

A Anhang: Interviewleitfaden

Sektion I: Kurze Vorstellung und Einführungsphase

- Vorstellung meiner Person und kurze Themenbeschreibung
- Frage nach zeitlicher Verfügbarkeit
- Umfassende Beschreibung der Vorgehensweise bei der Befragung
- Zusendung des Fragebogens per e-mail/fax

Sektion II: Befragung

- Geführte Befragung der Items nach der Kano-Methode
- Freie Meinung des Befragten zu dem Thema erfragen
- Befragung der in Tab. 6-8 erforderlichen demographischen Daten

Sektion III: Abschluss

- Kontaktwunsch festhalten
- Zusendung der Ergebnisse gewünscht?
- Bedankung und Verabschiedung

B Anhang: Fragebogen

K1	Fragen zum Gesamteindruck der Plattform	
K1-1:	**Übersichtlichkeit der Plattform**	
K1-1a)	Wenn die Vermarktungsplattform sehr übersichtlich gestaltet ist, wie denken Sie darüber?	☐ Das würde mich sehr freuen ☐ Das setze ich voraus ☐ Das ist mir egal ☐ Das könnte ich evtl. in Kauf nehmen ☐ Das würde mich sehr stören
K1-1b)	Wenn die Vermarktungsplattform NICHT sehr übersichtlich gestaltet ist, wie denken Sie darüber?	☐ Das würde mich sehr freuen ☐ Das setze ich voraus ☐ Das ist mir egal ☐ Das könnte ich evtl. in Kauf nehmen ☐ Das würde mich sehr stören
K1-2:	**Positive Meinungen Dritter**	
K1-2a)	Wenn Sie positive Meinungen Dritter über den Vermarkter hören, wie denken Sie darüber?	☐ Das würde mich sehr freuen ☐ Das setze ich voraus ☐ Das ist mir egal ☐ Das könnte ich evtl. in Kauf nehmen ☐ Das würde mich sehr stören
K1-2b)	Wenn Sie KEINE positiven Meinungen Dritter über den Vermarkter hören, wie denken Sie darüber?	☐ Das würde mich sehr freuen ☐ Das setze ich voraus ☐ Das ist mir egal ☐ Das könnte ich evtl. in Kauf nehmen ☐ Das würde mich sehr stören
K1-3:	**Unternehmensgröße**	
K1-2a)	Wenn es sich bei der Vermarktungsfirma um ein großes Unternehmen handelt, wie denken Sie darüber?	☐ Das würde mich sehr freuen ☐ Das setze ich voraus ☐ Das ist mir egal ☐ Das könnte ich evtl. in Kauf nehmen ☐ Das würde mich sehr stören
K1-2b)	Wenn es sich bei der Vermarktungsfirma NICHT um ein großes Unternehmen handelt, wie denken Sie darüber?	☐ Das würde mich sehr freuen ☐ Das setze ich voraus ☐ Das ist mir egal ☐ Das könnte ich evtl. in Kauf nehmen ☐ Das würde mich sehr stören
K1-4:	**Gegenwärtige Situation**	
Wie ist Ihr Gesamteindruck von der Plattform ihres gegenwärtigen Vermarkters? *(1 = Ausgezeichnet; 5 = Schlecht)* ☐ 1 ☐ 2 ☐ 3 ☐ 4 ☐ 5		

K2	Fragen zur Kundenintegration	
K2-1:	**Personalisierte Dienste**	
K2-1a)	Wenn Sie nach dem login bei Ihrem Vermarkter das Angebot personalisieren können, wie denken Sie darüber?	☐ Das würde mich sehr freuen ☐ Das setze ich voraus ☐ Das ist mir egal ☐ Das könnte ich evtl. in Kauf nehmen ☐ Das würde mich sehr stören
K2-1b)	Wenn Sie nach dem login bei Ihrem Vermarkter das Angebot NICHT personalisieren können, wie denken Sie darüber?	☐ Das würde mich sehr freuen ☐ Das setze ich voraus ☐ Das ist mir egal ☐ Das könnte ich evtl. in Kauf nehmen ☐ Das würde mich sehr stören
K2-2:	**Spezifizierbare Bannergrößen**	
K2-2a)	Wenn Sie die Bannergrößen selbst definieren können, wie denken Sie darüber?	☐ Das würde mich sehr freuen ☐ Das setze ich voraus ☐ Das ist mir egal ☐ Das könnte ich evtl. in Kauf nehmen ☐ Das würde mich sehr stören
K2-2b)	Wenn Sie die Bannergrößen NICHT selbst definieren können, wie denken Sie darüber?	☐ Das würde mich sehr freuen ☐ Das setze ich voraus ☐ Das ist mir egal ☐ Das könnte ich evtl. in Kauf nehmen ☐ Das würde mich sehr stören
K2-3:	**Kundenwünsche**	
K2-2a)	Wenn Ihre Kundenwünschen mit in die Weiterentwicklung der Plattform einbezogen werden, wie denken Sie darüber?	☐ Das würde mich sehr freuen ☐ Das setze ich voraus ☐ Das ist mir egal ☐ Das könnte ich evtl. in Kauf nehmen ☐ Das würde mich sehr stören
K2-2b)	Wenn Ihre Kundenwünschen NICHT mit in die Weiterentwicklung der Plattform einbezogen werden, wie denken Sie darüber?	☐ Das würde mich sehr freuen ☐ Das setze ich voraus ☐ Das ist mir egal ☐ Das könnte ich evtl. in Kauf nehmen ☐ Das würde mich sehr stören
K2-4:	**Gegenwärtige Situation**	
Wie stark fühlen Sie sich bei ihrem gegenwärtigen Vermarkter integriert? *(1 = Ausgezeichnet; 5 = Schlecht)* ☐ 1 ☐ 2 ☐ 3 ☐ 4 ☐ 5		
K2-5:	**Freier Kommentar**	

K3	Fragen zur Infrastruktur	
K3-1:	**Performante Auslieferung der Werbung**	
K3-1a)	Wenn die Auslieferung der Werbung zu Ladezeitverzögerungen Ihres Angebots führt, wie denken Sie darüber?	☐ Das würde mich sehr freuen ☐ Das setze ich voraus ☐ Das ist mir egal ☐ Das könnte ich evtl. in Kauf nehmen ☐ Das würde mich sehr stören
K3-1b)	Wenn die Auslieferung der Werbung NICHT zu Ladezeitverzögerungen Ihres Angebots führt, wie denken Sie darüber?	☐ Das würde mich sehr freuen ☐ Das setze ich voraus ☐ Das ist mir egal ☐ Das könnte ich evtl. in Kauf nehmen ☐ Das würde mich sehr stören
K3-2:	**Hochverfügbarkeit des Systems**	
K3-2a)	Wenn die Vermarktungsplattform eine hohe Verfügbarkeit aufweist, wie denken Sie darüber?	☐ Das würde mich sehr freuen ☐ Das setze ich voraus ☐ Das ist mir egal ☐ Das könnte ich evtl. in Kauf nehmen ☐ Das würde mich sehr stören
K3-2b)	Wenn die Vermarktungsplattform NICHT eine hohe Verfügbarkeit aufweist, wie denken Sie darüber?	☐ Das würde mich sehr freuen ☐ Das setze ich voraus ☐ Das ist mir egal ☐ Das könnte ich evtl. in Kauf nehmen ☐ Das würde mich sehr stören
K3-3:	**XML-Anbindung**	
K3-2a)	Wenn Sie die Möglichkeit einer XML-Anbindung zur Integration des Werbemittels haben, wie denken Sie darüber?	☐ Das würde mich sehr freuen ☐ Das setze ich voraus ☐ Das ist mir egal ☐ Das könnte ich evtl. in Kauf nehmen ☐ Das würde mich sehr stören
K3-2b)	Wenn Sie NICHT die Möglichkeit einer XML-Anbindung zur Integration des Werbemittels haben, wie denken Sie darüber?	☐ Das würde mich sehr freuen ☐ Das setze ich voraus ☐ Das ist mir egal ☐ Das könnte ich evtl. in Kauf nehmen ☐ Das würde mich sehr stören
K3-4:	**Gegenwärtige Situation**	
Für wie gut halten Sie die Infrastruktur Ihres gegenwärtigen Vermarkters? *(1 = Ausgezeichnet; 5 = Schlecht)* ☐ 1 ☐ 2 ☐ 3 ☐ 4 ☐ 5		
K3-5:	**Freier Kommentar**	

K4	Fragen zur Vollautomatisierung	
K4-1:	**Eigenständige Anmeldung/Verwaltung**	
K4-1a)	Wenn Sie sich bei einem Vermarkter selbst Anmelden sowie Ihr Mitgliedskonto verwalten können, wie denken Sie darüber?	☐ Das würde mich sehr freuen ☐ Das setze ich voraus ☐ Das ist mir egal ☐ Das könnte ich evtl. in Kauf nehmen ☐ Das würde mich sehr stören
K4-1b)	Wenn Sie sich bei einem Vermarkter NICHT selbst Anmelden sowie Ihr Mitgliedskonto verwalten können, wie denken Sie darüber?	☐ Das würde mich sehr freuen ☐ Das setze ich voraus ☐ Das ist mir egal ☐ Das könnte ich evtl. in Kauf nehmen ☐ Das würde mich sehr stören
K4-2:	**Unabhängigkeit von Bürozeiten und Zeitzonen**	
K4-2a)	Wenn Sie bei der Integration der Werbemittel unabhängig von Bürozeiten und Zeitzonen sind, wie denken Sie darüber?	☐ Das würde mich sehr freuen ☐ Das setze ich voraus ☐ Das ist mir egal ☐ Das könnte ich evtl. in Kauf nehmen ☐ Das würde mich sehr stören
K4-2b)	Wenn Sie bei der Integration der Werbemittel NICHT unabhängig von Bürozeiten und Zeitzonen sind, wie denken Sie darüber?	☐ Das würde mich sehr freuen ☐ Das setze ich voraus ☐ Das ist mir egal ☐ Das könnte ich evtl. in Kauf nehmen ☐ Das würde mich sehr stören
K4-3:	**Unmittelbarer Zugriff auf Auswertungsdaten**	
K4-2a)	Wenn Sie unmittelbaren Zugriff auf sämtliche statistischen Daten Ihrer Vermarktung haben, wie denken Sie darüber?	☐ Das würde mich sehr freuen ☐ Das setze ich voraus ☐ Das ist mir egal ☐ Das könnte ich evtl. in Kauf nehmen ☐ Das würde mich sehr stören
K4-2b)	Wenn Sie KEINEN unmittelbaren Zugriff auf sämtliche statistischen Daten Ihrer Vermarktung haben, wie denken Sie darüber?	☐ Das würde mich sehr freuen ☐ Das setze ich voraus ☐ Das ist mir egal ☐ Das könnte ich evtl. in Kauf nehmen ☐ Das würde mich sehr stören
K4-4:		
Wie beurteilen Sie die Automatisierung Ihres gegenwärtigen Vermarkters?		
(1 = Ausgezeichnet; 5 = Schlecht)	☐ 1 ☐ 2 ☐ 3 ☐ 4 ☐ 5	
K4-5:	**Freier Kommentar**	

K5	Fragen zum Targeting	
K5-1:	**Reichweitenverlängerung durch BT**	
K5-1a)	Wenn Ihr Vermarkter Ihre Reichweite über BT verlängert, wie denken Sie darüber?	☐ Das würde mich sehr freuen ☐ Das setze ich voraus ☐ Das ist mir egal ☐ Das könnte ich evtl. in Kauf nehmen ☐ Das würde mich sehr stören
K5-1b)	Wenn Ihr Vermarkter Ihre Reichweite NICHT über BT verlängert, wie denken Sie darüber?	☐ Das würde mich sehr freuen ☐ Das setze ich voraus ☐ Das ist mir egal ☐ Das könnte ich evtl. in Kauf nehmen ☐ Das würde mich sehr stören
K5-2:	**Einbeziehung von Nutzerdaten**	
K5-2a)	Wenn Sie die Möglichkeit haben Nutzerdaten zur Steigerung der Werbeefizienz und somit des Preises einzusetzen, wie denken Sie darüber?	☐ Das würde mich sehr freuen ☐ Das setze ich voraus ☐ Das ist mir egal ☐ Das könnte ich evtl. in Kauf nehmen ☐ Das würde mich sehr stören
K5-2b)	Wenn Sie NICHT die Möglichkeit haben Nutzerdaten zur Steigerung der Werbeefizienz und somit des Preises einzusetzen, wie denken Sie darüber?	☐ Das würde mich sehr freuen ☐ Das setze ich voraus ☐ Das ist mir egal ☐ Das könnte ich evtl. in Kauf nehmen ☐ Das würde mich sehr stören
K5-3:	**Integration von Geo-Targeting**	
K5-2a)	Wenn Ihr Vermarkter Ihnen Geo-Targeting anbietet, wie denken Sie darüber?	☐ Das würde mich sehr freuen ☐ Das setze ich voraus ☐ Das ist mir egal ☐ Das könnte ich evtl. in Kauf nehmen ☐ Das würde mich sehr stören
K5-2b)	Wenn Ihr Vermarkter Ihnen NICHT Geo-Targeting anbietet, wie denken Sie darüber?	☐ Das würde mich sehr freuen ☐ Das setze ich voraus ☐ Das ist mir egal ☐ Das könnte ich evtl. in Kauf nehmen ☐ Das würde mich sehr stören
K5-4:		
Wie beurteilen Sie die Zielgruppenschärfe Ihres gegenwärtigen Vermarkters? *(1 = Ausgezeichnet; 5 = Schlecht)* ☐ 1 ☐ 2 ☐ 3 ☐ 4 ☐ 5		
K5-5:	**Freier Kommentar**	

K6	Fragen zum Kundenservice	
K6-1:	**Zuverlässigkeit**	
K6-1a)	Wenn der Kundenservice Ihres Vermarkters sehr zuverlässig ist, wie denken Sie darüber?	☐ Das würde mich sehr freuen ☐ Das setze ich voraus ☐ Das ist mir egal ☐ Das könnte ich evtl. in Kauf nehmen ☐ Das würde mich sehr stören
K6-1b)	Wenn der Kundenservice Ihres Vermarkters NICHT sehr zuverlässig ist, wie denken Sie darüber?	☐ Das würde mich sehr freuen ☐ Das setze ich voraus ☐ Das ist mir egal ☐ Das könnte ich evtl. in Kauf nehmen ☐ Das würde mich sehr stören
K6-2:	**Reaktionsbereitschaft**	
K6-2a)	Wenn die Reaktionsbereitschaft auf Anfragen an Ihren Vermarkter hoch ist, wie denken Sie darüber?	☐ Das würde mich sehr freuen ☐ Das setze ich voraus ☐ Das ist mir egal ☐ Das könnte ich evtl. in Kauf nehmen ☐ Das würde mich sehr stören
K6-2b)	Wenn die Reaktionsbereitschaft auf Anfragen an Ihren Vermarkter NICHT hoch ist, wie denken Sie darüber?	☐ Das würde mich sehr freuen ☐ Das setze ich voraus ☐ Das ist mir egal ☐ Das könnte ich evtl. in Kauf nehmen ☐ Das würde mich sehr stören
K6-3:	**Fachliche Kompetenz**	
K6-2a)	Wenn im Falle eines Problems der Kundenservice fachlich Kompetent wirkt, wie denken Sie darüber?	☐ Das würde mich sehr freuen ☐ Das setze ich voraus ☐ Das ist mir egal ☐ Das könnte ich evtl. in Kauf nehmen ☐ Das würde mich sehr stören
K6-2b)	Wenn im Falle eines Problems der Kundenservice NICHT fachlich Kompetent wirkt, wie denken Sie darüber?	☐ Das würde mich sehr freuen ☐ Das setze ich voraus ☐ Das ist mir egal ☐ Das könnte ich evtl. in Kauf nehmen ☐ Das würde mich sehr stören
K6-4:		
Wie beurteilen Sie den Kundenservice Ihres gegenwärtigen Vermarkters? *(1 = Ausgezeichnet; 5 = Schlecht)* ☐ 1 ☐ 2 ☐ 3 ☐ 4 ☐ 5		
K6-5:	**Freier Kommentar**	

K7	Fragen zur Auktionierung	
K7-1:	**Mindestpreis**	
K7-1a)	Wenn Sie einen Mindestpreis für Ihre Werbefläche festlegen können, wie denken Sie darüber?	☐ Das würde mich sehr freuen ☐ Das setze ich voraus ☐ Das ist mir egal ☐ Das könnte ich evtl. in Kauf nehmen ☐ Das würde mich sehr stören
K7-1b)	Wenn Sie NICHT einen Mindestpreis für Ihre Werbefläche festlegen können, wie denken Sie darüber?	☐ Das würde mich sehr freuen ☐ Das setze ich voraus ☐ Das ist mir egal ☐ Das könnte ich evtl. in Kauf nehmen ☐ Das würde mich sehr stören
K7-2:	**Vorverkauf**	
K7-2a)	Wenn Sie die Möglichkeit erhalten Werbeflächenkontingente im vorraus zu verkaufen, wie denken Sie darüber?	☐ Das würde mich sehr freuen ☐ Das setze ich voraus ☐ Das ist mir egal ☐ Das könnte ich evtl. in Kauf nehmen ☐ Das würde mich sehr stören
K7-2b)	Wenn Sie NICHT die Möglichkeit erhalten Werbeflächenkontingente im vorraus zu verkaufen, wie denken Sie darüber?	☐ Das würde mich sehr freuen ☐ Das setze ich voraus ☐ Das ist mir egal ☐ Das könnte ich evtl. in Kauf nehmen ☐ Das würde mich sehr stören
K7-3:	**Veröffentlichung von Geboten**	
K7-2a)	Wenn alle Gebote für Werbeflächen öffentlich gemacht werden, wie denken Sie darüber?	☐ Das würde mich sehr freuen ☐ Das setze ich voraus ☐ Das ist mir egal ☐ Das könnte ich evtl. in Kauf nehmen ☐ Das würde mich sehr stören
K7-2b)	Wenn alle Gebote für Werbeflächen NICHT öffentlich gemacht werden, wie denken Sie darüber?	☐ Das würde mich sehr freuen ☐ Das setze ich voraus ☐ Das ist mir egal ☐ Das könnte ich evtl. in Kauf nehmen ☐ Das würde mich sehr stören
K7-4:		
Wie beurteilen Sie die Preisfindung Ihres gegenwärtigen Vermarkters? *(1 = Ausgezeichnet; 5 = Schlecht)* ☐ 1 ☐ 2 ☐ 3 ☐ 4 ☐ 5		
K7-5:	**Freier Kommentar**	

K8	**Fragen zur Community**	
K8-1:	**Integration von Bewertungs- und Kommentierungssystemen**	
K8-1a)	Wenn Sie andere Marktteilnehmer bewerten und kommentieren können, wie denken Sie darüber?	☐ Das würde mich sehr freuen ☐ Das setze ich voraus ☐ Das ist mir egal ☐ Das könnte ich evtl. in Kauf nehmen ☐ Das würde mich sehr stören
K8-1b)	Wenn Sie andere Marktteilnehmer NICHT bewerten und kommentieren können, wie denken Sie darüber?	☐ Das würde mich sehr freuen ☐ Das setze ich voraus ☐ Das ist mir egal ☐ Das könnte ich evtl. in Kauf nehmen ☐ Das würde mich sehr stören
K8-2:	**Hohe Anzahl an Marktteilnehmern**	
K8-2a)	Wenn es eine hohe Anzahl an Marktteilnehmern innerhalb Ihrer Vermarktungsplattform gibt, wie denken Sie darüber?	☐ Das würde mich sehr freuen ☐ Das setze ich voraus ☐ Das ist mir egal ☐ Das könnte ich evtl. in Kauf nehmen ☐ Das würde mich sehr stören
K8-2b)	Wenn es NICHT eine hohe Anzahl an Marktteilnehmern innerhalb Ihrer Vermarktungsplattform gibt, wie denken Sie darüber?	☐ Das würde mich sehr freuen ☐ Das setze ich voraus ☐ Das ist mir egal ☐ Das könnte ich evtl. in Kauf nehmen ☐ Das würde mich sehr stören
K8-3:	**Direkte Kontaktmöglichkeit innerhalb der Marktteilnehmer**	
K8-2a)	Wenn Sie andere Marktteilnehmer direkt kontaktieren können, wie denken Sie darüber?	☐ Das würde mich sehr freuen ☐ Das setze ich voraus ☐ Das ist mir egal ☐ Das könnte ich evtl. in Kauf nehmen ☐ Das würde mich sehr stören
K8-2b)	Wenn Sie andere Marktteilnehmer NICHT direkt kontaktieren können, wie denken Sie darüber?	☐ Das würde mich sehr freuen ☐ Das setze ich voraus ☐ Das ist mir egal ☐ Das könnte ich evtl. in Kauf nehmen ☐ Das würde mich sehr stören
K8-4:		
Wie beurteilen Sie die Interaktionsmöglichkeiten zwischen den Marktteilnehmern Ihres gegenwärtigen Vermarkters? *(1 = Ausgezeichnet; 5 = Schlecht)* ☐ 1 ☐ 2 ☐ 3 ☐ 4 ☐ 5		
K8-5:	**Freier Kommentar**	

K9	Fragen zur Markttransparenz	
K9-1:	**Führung von einsehbaren Performancerankings**	
K9-1a)	Wenn innerhalb der Vermarktungsplattform Top-Rankings zum erzielten TKP öffentlich geführt werden, wie denken Sie darüber?	☐ Das würde mich sehr freuen ☐ Das setze ich voraus ☐ Das ist mir egal ☐ Das könnte ich evtl. in Kauf nehmen ☐ Das würde mich sehr stören
K9-1b)	Wenn innerhalb der Vermarktungsplattform NICHT Top-Rankings zum erzielten TKP öffentlich geführt werden, wie denken Sie darüber?	☐ Das würde mich sehr freuen ☐ Das setze ich voraus ☐ Das ist mir egal ☐ Das könnte ich evtl. in Kauf nehmen ☐ Das würde mich sehr stören
K9-2:	**Sichtbarkeit erzielter Preise**	
K9-2a)	Wenn der erzielte Preis für Ihre Werbefläche für die Werbetreibenden sichtbar ist, wie denken Sie darüber?	☐ Das würde mich sehr freuen ☐ Das setze ich voraus ☐ Das ist mir egal ☐ Das könnte ich evtl. in Kauf nehmen ☐ Das würde mich sehr stören
K9-2b)	Wenn der erzielte Preis für Ihre Werbefläche NICHT für die Werbetreibenden sichtbar ist, wie denken Sie darüber?	☐ Das würde mich sehr freuen ☐ Das setze ich voraus ☐ Das ist mir egal ☐ Das könnte ich evtl. in Kauf nehmen ☐ Das würde mich sehr stören
K9-3:	**Sichtbare Informationen zu den Marktteilnehmern**	
K9-2a)	Wenn Sie detaillierte Informationen zu sämtlichen Marktteilnehmern einsehen können, wie denken Sie darüber?	☐ Das würde mich sehr freuen ☐ Das setze ich voraus ☐ Das ist mir egal ☐ Das könnte ich evtl. in Kauf nehmen ☐ Das würde mich sehr stören
K9-2b)	Wenn Sie NICHT detaillierte Informationen zu sämtlichen Marktteilnehmern einsehen können, wie denken Sie darüber?	☐ Das würde mich sehr freuen ☐ Das setze ich voraus ☐ Das ist mir egal ☐ Das könnte ich evtl. in Kauf nehmen ☐ Das würde mich sehr stören
K9-4:	Wie beurteilen Sie die Markttransparenz Ihres gegenwärtigen Vermarkters? *(1 = Ausgezeichnet; 5 = Schlecht)* ☐ 1 ☐ 2 ☐ 3 ☐ 4 ☐ 5	
K9-5:	**Freier Kommentar**	

C Anhang: Transkription

Item	Befragter	Kommentar
K1-5	IP 2	Möchte Internetsurfer nicht mit Werbung stören.
K1-5	IP 3	Komplizierte und unübersichtliche Plattform nicht so schlimm solange der Preis stimmt der Erzielt wird. Google AdSense ist momentan das Beste und sehr übersichtlich. Es ist aber sehr wichtig das Werbung einfach und bequem einzubinden ist. Selsbsterklärend ist auch wichtig.
K1-5	IP 4	Man muss die Erfahrungen selber machen, dabei lege ich nicht so viel Wert auf die positiven Meinungen Dritter.
K1-5	IP 6	Schlechte Erfahrungen gemacht mit Massenvermarktern. Die Oberflächen sollten natürlich nicht überladen sein und wichtige Dinge stehts schnell zu finden sein.
K1-5	IP 7	Bei Affilinet hatte ich den Eindruck, dass die Statistiken „quer beet" gestreut sind. Das ist nicht sehr geordnet. Gerade bei Angeboten wo man sich öffter einloggt ist die Übersichtlichkeit wichtig, da ich mir die Kampagnen im Prinzip selber aussuchen muss.
K1-5	IP 8	Die Übersichtlichkeit der Vermarktungsplattform finde ich sehr wichtig, da ich mich mindestens am Monatsende einlogge um Statistiken zu prüfen und mir ein Bild zu schaffen, außerdem würde ich gerne mein Inhalteangebot optimieren und die Einbindung der Werbebanner ebenfalls um die Preise zu steigern. Ohne eine Zusammenarbeit mit dem Vermarkter ist dies nicht möglich. Insofern kommt der Übersichtlichkeit der Plattform eine besondere Bedeutung zu.
K1-5	IP 9	Meinungen Dritter sind für uns irrelevant, dazu ist unser Portal viel zu speziell. Da gibt es nicht viele andere Marktteilnehmer und das ist gut so. Der Eindruck der Plattform ist uns dennoch sehr wichtig, schließlich geht es um viel Geld und da kann man erwarten dass der Vermarkter hier adequat eine vertrauenswürdige Plattform zur Verfügung stellt. Durch unsere Spezialisierung läuft bei uns der Prozess aber ganz anderst ab, wir haben eine Art Key-Account Manager der in enger Zusammenarbeit mit dem Vermarkter zusammenarbeitet und da haben wir so gut wie keinen Kontakt mit der Vermarktungsplattform. Dafür sind wir aber teilweise bei Meetings mit dem Werbetreibenden dabei.
K1-5	IP 10	Wir sind auf das Einkommen aus der Vermarktung angewiesen, daher muss das ganze stimmen. Google macht das ja auch exklusiv, daher können wir gar nicht zu einem anderen Anbieter gehen. Der Gesamteindruck ist natürlich schon wichtig, besonderst weil wir ja alles alleine machen.

Tab. C-12: Transkription der qualitativen Befragung für Leistungsparameter K1

Item	Befragter	Kommentar
K2-5	IP 1	Logbuch für Änderungen einführen damit man merkt das auf die Hinweise eingegangen wird und eine Weiterentwicklung stattfindet.
K2-5	IP 2	Anpassung an die Seiteninhalte ist mir sehr wichtig.
K2-5	IP 4	Es wäre genial wenn man die Bannergröße selbst bestimmen könnte, nicht immer ist ein Werbeplatz in der gewünschten Größe frei und dadurch bleibt Werbefläche unverkauft.
K2-5	IP 5	Google geht auf Kundenwünsche ein, allerdings habe ich keinen persönlichen Ansprechpartner. Wenn schnell eine Antwort kommt dann finde ich das gut. Von Google erhalte ich auch teilweise Optimierungsvorschläge für mein Inhalteangebot, die schauen sich meine Seite genau an und helfen mir dabei mehr rauszuholen. Das finde ich sehr gut!
K2-5	IP 6	Wir haben jetzt bei Google einen Ansprechpartner. Zuvor war das nicht so und da war der Service Miserabel! Die Kommunikation mit dem Vermarkter ist jetzt besser.
K2-5	IP 7	Die neuen Vermarkter haben fast alles automatisiert, aber da fehlt mir eindeutig der Kundenkontakt. Man fühlt sich nicht richtig ernst genommen weil das ganze so groß ist. Ich schätze das ohne Automatisierung Google AdSense und so weiter keine Chance hätten weil so viele mitmachen.
K2-5	IP 8	Von den bisherigen Vermarktern fühle ich mich insofern integriert, als dass ein Wechsel der Plattform wegen der aufwendigen neuen Anpassung der Banner teuer ist. Bei Google AdSense gefällt mir aber sehr gut, dass man die Banner anpassen kann. Das nervige google logo ist aber sehr störend. Außerdem stören mich die regieden Vorgaben dort. Man hat nicht den Eindruck als das Google nur das geringste daran liegt nicht zur Konkurrenz abzuwandern.
K2-5	IP 9	Dadurch das unser Angebot sehr speziell ist, sind wir extrem stark bei unserem Vermarkter mit eingebunden. Standardbannergrößen sind für uns eigentlich gänzlich uninteressant. Die gehen an unserem Interesse vorbei da es sich meist um ungerichtete Niedrigpreisige Klickwerbung handelt. Wir verkaufen beispielsweise ganz spezielle Werbegrößen im 100 Euro TKP-Bereich, da ist die Bannergröße natürlich individuell anpassbar! Jeder Kunde kann hier ein Spezialangebot erhalten.
K2-5	IP 10	Bei AdSense wird zwar etwas personalisiert, aber es hält sich sehr im Rahmen. Im Grundegenommen interessiert sich Google nicht wirklich was man davon hält. Da kümmert sich keiner, aber der Service ist ja OK und das ist das wichtigste. Bislang hatten wir auch noch keine Schwierigkeiten damit.

Tab. C-13: Transkription der qualitativen Befragung für Leistungsparameter K2

Item	Befragter	Kommentar
K3-5	IP 3	Eine ausgezeichnete Infrastruktur ist unabdingbar und wird derzeit von allen bekannten Vermarktern erfüllt.
K3-5	IP 4	Die Großen Anbieter haben mehr Auswahl und sind auch vom Ablauf her schneller. Allerdings haben diese auch Ausfälle und teilweise schlechte Performance. Auch Google. Der Infrastruktur von Google gebe ich auf keinen Fall eine Eins. Ich hatte bereits Ausfälle von mehreren Stunden.
K3-5	IP 5	Wartungszeiten werden angekündigt und sind überschaubar. Das finde ich in Ordnung, da ich ja auch ab und zu ein Update einspielen muss.
K3-5	IP 6	An manchen Tagen ist die Werbung nicht so zielgerichtet wie wir das gerne hätten. Ladegeschwindigkeiten sind aber ausgezeichnet.
K3-5	IP 7	Finde ich schon beeindruckend wie die so Vermarkter so viele unter einen Hut bringen, von daher habe ich den Eindruck einer sehr guten Infrastruktur.
K3-5	IP 9	Wir haben sehr schlechte Erfahrungen mit Google AdSense gemacht. Die sind eher unzuverlässig und ungenau. Die Statistiken sind stark zeitverzögert. Damit können wir nichts anfangen. Beispielsweise haben wir einmal einen E-Mail Newsletter rausgeschickt der mit Google AdSense belegten Zielseiten verknüpft war. Die Pageviewzeiten haben überhaupt nicht mit den Clickzeiten übereingestimmt. Die tröpfelten nach und nach ein, obwohl unser anderes tool etwas ganz anderes aussagte. Das macht eine Werbeerfolgskontrolle extrem schwierig bis unmöglich. Teilweise führen aber Werbeauslieferungen zwangsweise zu Ladezeitverzögerungen unsers Angebots. Das war bspw. einmal mit einer Kampagne zum IPod von Apple so, das passt dann aber schon irgendwie wenn der Preis stimmt.
K3-5	IP 10	Die Berichte bei Google sind gut und verständlich, das Geld pünktlich. Im Prinzip läuft alles reibungslos auch die Einblendung der Banner.

Tab. C-14: Transkription der qualitativen Befragung für Leistungsparameter K3

Item	Befragter	Kommentar
K4-5	IP 3	Letztendlich kommt es nur darauf an was an Geld dabei rauskommt, wobei ich eigentlich copy paste machen möchte und nie wieder damit zu tun haben will.
K4-5	IP 4	Die Vermarkter sind im Bezug auf die Automatisierung sehr weit, ich würde mich bei keinem Netzwerk anmelden die nicht automatisiert sind. Statistiken kann man bei Google AdSense zwar einsehen, ärgerlich ist allerdings die Zeitverzögerung. Bei Affilinet sowie bei Ebay live ist zur Laufzeit eine Einsicht der erzielten Leads möglich.
K4-5	IP 5	Im Prinzip möchte ich das Banner einmal einpflegen und dann am Monatsende Geld bekommen. Genau so läufts! Alle super soweit.
K4-5	IP 6	Vollautomatisierung erleichtert einem die Sache natürlich ungemein. Bei Großkunden ist dies natürlich schwierig. Letztlich ist die Flexibilität durch die Automatisierung aber ein sehr großer Vorteil den man erlangt.
K4-5	IP 8	Die Infrastruktur halte ich den Umständen entsprechend von allen Vermarktern gut bis sehr gut. Allerdings wird außer bei Google bei fast keinem weiterentwickelt. Oftmals wird das System „Dart" von DoubleClick eingesetzt und der Vermarkter verkauft und liefert über Dart aus. Das Dart-System ist eine Zumutung!!
K4-5	IP 9	Vollautomatisierung ist schön und gut, aber leider viel zu allgemein und niedrigpreisig. Der erzielte Umsatz ist dort schon fast vernachlässigbar.
K4-5	IP 10	Anonym ist nicht so gut und unpersönlich. Ich würde mir einen persönlichen Ansprechpartner wünschen, das wäre besser wenn man mal ein Problem hat oder so.

Tab. C-15: Transkription der qualitativen Befragung für Leistungsparameter K4

Item	Befragter	Kommentar
K5-5	IP 2	Bisher bietet mein Vermarkter dies leider nicht an.
K5-5	IP 3	Bislang noch keine Erfahrungen damit gemacht, demnach bin ich da eher neutral.
K5-5	IP 4	Wenn BT verfügbar wäre, dann fände ich das genial! Feine Sache.
K5-5	IP 5	Google schaut sich ja zuvor die Inhalte der Seite an und schaltet dann relativ genau Werbung. Allerdings haben wir auch sehr negative Erfahrungen damit gemacht. Bspw. ist eines unserer Mitglieder gestorben und neben Seinem Profil hat Google Werbung für Särge eingeblendet! Das sehr unschön für uns. Wir haben auch andere Vermarkter getestet, das war aber sehr negativ. Häufig hatte die Werbung nichts mit unserem Angebot zu tun und die User waren extrem genervt. Die Umsätze waren auch kaum erwähnenswert weswegen wir das dann eingestellt haben.
K5-5	IP 6	Seit ein paar Monaten haben wir bei Ad2Net BT zur Verfügung. Seit dem ist der Preis gestiegen und wir sind sehr zufrieden.
K5-6	IP 7	Leider klappt das bei Google nicht so ganz mit der genauen Ansprache. Oft ist gar keine Autowerbung zu sehen sondern andere Werbung die nicht passt. Das könnte durchaus besser sein. Oft geht die Werbung an der Sache vorbei.
K5-5	IP 9	Targeting ist die Zukunft! Wir könn bspw. anhand über 100 Characteristika die Mitglieder differenzieren und Kampagnen wie Beispielsweise für den Kunden Apple laufen nur so. Anderst bekommt man solche Werbung gar nicht zu einem anständigen Preis verkauft. Die Mitglieder geben auch zu ca. 70-80% korrekte Angaben. Targeting unterstreicht auch unser Grundverständnis für Online-Werbung und einer Leistungsgerechten Bezahlung. Mit weniger Reichweite mehr erreichen. Damit ist allen gedient.

Tab. C-16: Transkription der qualitativen Befragung für Leistungsparameter K5

Item	Befragter	Kommentar
K6-5	IP 3	Reagieren sehr schnell. Bei Google habe ich einen eigenen Ansprechpartner der mich betreut. Ab einer gewissen Anzahl an Seitenabrufen erhällt man diesen Ansprechpartner automatisch, ich kenne auch einige andere Inhalteanbieter die einen haben.
K6-5	IP 4	Bei Google habe ich einen eigenen Ansprechpartner. Ich bin zwar nicht Premium Mitglied (>20Mio PI), aber ich wurde von denen kontaktiert und erhielt einen eigenen Ansprechpartner. 24 h Antwortzeiten sind absolutes Maximum was ich An Reaktionszeit akzeptieren kann. Affilinet dauert zu meinem Ärgerniss Tage!
K6-5	IP 5	Mit dem Service bin ich generell sehr zufrieden. Die Antwort ist innerhalb kürzester Zeit da. Passend, fachlich und kompetent. Allerdings würde ich mir manchmal einen Telefonkontakt wünschen. Wir arbeiten daran, ab 20 Mio. PI wird man Premiumpartner. Da fehlen nur noch ca 5 Mio Pi.
K6-5	IP 7	Ich lege großen Wert auf persönlichen Kontakt. Es wäre sehr gut wenn ich einen Ansprechpartner hätte der weis wer ich bin und auf meine Probleme individuell eingehen kann.
K6-5	IP 8	Bei Google ist der Kundenservice eine Katastrophe! Aufgrund eines Fehlers lieferte Google eine Woche keine Werbung an mein Angebot aus was zu einem vierstelligen Eurobetrag an Einnahmeausfällen führte. Die Antwortzeiten per e-mail lagen bei über 48 Stunden und waren standartisierte e-mail Antworten.
K6-5	IP 9	Kundenservice ist extrem wichtig da es hier um viel Geld geht. Da darf nichts lange liegenbleiben. Der Vermarkter muss sich dessen Verantwortung bewusst sein, eine unmittelbare Reaktion auf Anfragen ist absolute Vorraussetzung für eine erfolgreiche Zusammenarbeit!
K6-5	IP 10	Bislang hatten wir keine Problem darum kann ich das schlecht beurteilen.

Tab. C-17: Transkription der qualitativen Befragung für Leistungsparameter K6

Item	Befragter	Kommentar
K7-5	IP 2	Klickpreis varriert sehr stark, mann kann leider nicht von einem fixen Betrag ausgehen.
K7-5	IP 3	Wichtig ist für mich, dass die Preise nicht für jeden einsehbar sind, vorallem nicht für meine Wettbewerber, solange es nur für die Werbetreibenden ist find ich das OK.
K7-5	IP 5	Sehr schön ich muss mich nicht um die Rechnungsstellung kümmern was sehr bequem ist. Die Auktionierung bietet auch den Vorteil, dass wir sehr kleine Kunden haben mit geringem Budget die dennoch Werbung bei uns schalten können aufgrund der Automatisierung. Google hat allerdings einmal von uns ein PDF angefordert mit Daten und es einem Kunden als CPM im vorraus verkauft. Nachteilig ist der Dollarkurs für uns, aus diesem Grunde hosten wir nun in den USA somit egalisiert sich das wieder nahezu. Wir machen auch Eigenvermarktung, da schreiben wir eine Rechnung am Ende des Monats/Jahres an den Kunden. Das funktioniert sehr zuverlässig und wir halten Bestandskunden über Jahre. Bei AdSense finde ich die Auktionierung gut gelöst. Leider weis man allerdings nicht wie viel Prozent bei google hängen bleibt. Schön wäre eine genaue Angabe des Prozentsatzes, möglichst gestaffelt nach Volumen.
K7-5	IP 6	Ich denke ein Ziel von Google ist es das alle Marktteilnehmer ein wenig im Dunkel tappen. Eine Art Verschleierungstacktik. Die Preisfindung dort finde ich sehr undurchsichtig, letztlich kommt aber für uns ein sehr guter Preis heraus.
K7-5	IP 7	Intern finde ich es OK wenn die Werbetreibenden die Preise kennen, ansonsten nicht. Die Preise sind zu niedrig bei google finde ich, aber das liegt daran dass ich so wenige Klicks habe. Dadurch sind die Preise sehr niedrig. Die liegen oft weit unter einem Euro TKP. Vielleicht liegt es aber auch daran, dass die Werbung nicht so ganz passt?
K7-5	IP 8	Auktionierung ist eine gute Sache solange genug Marktteilnehmer vorhanden sind.
K7-5	IP 9	Bei uns gibt es nur feste Preise. Allerhöhstens mal Paketrabatte wenn ein Kunde extrem viel Werbung abnimmt. Wallpapers erreichen gut und gerne im Schnitt 100 Euro TKP. Wenn der Preis schwankt wie eine Auktionierung beispielsweise zwangsweise bringt, dann kann es sein dass die Kunden sich benachteiligt fühlen da ein Wettbewerber von ihnen die gleiche Leistung für weniger Geld erhalten hat. Davon halten wir nichts.
K7-5	IP 10	Die Preise sind bei AdSense nicht nachvollziehbar. Insbesondere finde ich schlecht das wir versuchen den TKP hoch zu halten aber das genau zum Gegenteil führt. Beispielsweise verbessern wir Seiten und erwarten dann durch ein besseres Angebot mehr TKP, aber genau das Gegenteil ist der Fall.

Tab. C-18: Transkription der qualitativen Befragung für Leistungsparameter K7

Item	Befragter	Kommentar
K8-5	IP 1	Wäre dufte!
K8-5	IP 2	Das wäre ausgezeichnet. Leider bietet so etwas noch keiner an.
K8-5	IP 3	Ich will mich eigentlich überhaupt nicht um die Werbevermarktung kümmern, darum sind mir Community funktionen vollkommen egal. Wichtig ist, dass der Preis stimmt. Copy, Paste und dann vergessen!
K8-5	IP 5	Ich denke, eine Community ist bei der Vermarktung in den allermeisten Fällen unnötig.
K8-5	IP 7	In meinem Freundeskreis treffen wir uns oft um darüber zu reden wie wir unsere Seiten optimieren können, eine Community wäre natürlich toll weil man so seinen Freundeskreis in dem Bereich erweitern könnte und dadurch höhere Preise erzielt. Das wäre besonderst für die kleinen Seiten toll, die nicht so viele Mitarbeiter haben.
K8-5	IP 8	Eine Community wäre chique. Allerdings ist das Entscheidende bei der Sache der Preis der am Ende für das Inventar heraus kommt. Falls die Community den Preis nicht negativ beeinflusst finde ich das super. Insbesondere wenn man die dadurch den Gesamtverdienst steigern kann.
K8-5	IP 9	Einen Channel (der dem Ziel einer Community fast gleich kommt) sehen wir eher kritisch. Dies stärkt zwar den Vermarkter weil er mehr Reichweite verkaufen kann, allerdings schwächt es unser einzigartige Position und das wollen wir natürlich nicht. Sogesehen stärkt eine Community die Konkurrenz. In Deutschland sind wir Marktführer und das wollen wir auch bleiben!
K8-5	IP 10	Wenn Werbung bereits gemacht wurde, dann können wir natürlich sehen wer das ist, davor nicht. Also über Umwege. Im Detail wissen wir auch nicht so richtig wer dabei ist und wer nicht. Vor allem können wir nicht die Werbetreibenden aussuchen, das wäre super damit unsere Leser auch nicht belästigt werden mit unerwünschten Angeboten.

Tab. C-19: Transkription der qualitativen Befragung für Leistungsparameter K8

Item	Befragter	Kommentar
K9-5	IP 1	Zu viel Transparenz wenn es um eigene Besucherzahlen geht ist unerwünscht. Dies gilt insbesondere für die Einsichtnahme durch Mitbewerber.
K9-5	IP 2	Prinzipiell finde ich das sehr gut, aber es muss auch Grenzen geben. Insbesondere sollen nicht Konkurrenten zu viel Einblick erhalten.
K9-5	IP 5	Zur Optimierung ideal, allerdings denke ich dass es viele schwarze Schaafe geben würde die nur auf Preis optimieren würden und dadurch das negative überwiegt. Bei Google ist die Markttransparenz eigentlich gleich Null, als Publisher kann man fast nichts einsehen.
K9-5	IP 7	Bei AdSense ist eigentlich überhaupt alles undurchsichtig. Da weis doch niemand wie viel für Google hängen bleibt und was die sich abzwacken. Bei Affilinet weis man das schon eher. Die geben an, dass sie 30% einbehalten. Ob das wirklich stimmt ist eine andere Sache. Das liegt ja komplett in deren Hand. Eigentlich ist es aber irrelevant, da ich nichts dagegen machen kann.
K9-5	IP 8	Die Vermarkter lassen sich nicht in die Karten schauen und verschleiern alles. Das ist überaus nervig, sollte es einen professionellen Vermarkter geben der mehr Transparenz bietet wäre das ein klarer Kundenvorteil!
K9-5	IP 9	Zu viel Markttransparenz ist schlecht. Vor allem niedrige TKPs anzuzeigen ist schlecht! Es könnte theoretisch sein das wir einem Kunden einen niedrigeren Preis quasi als Einstiegsdroge anbieten und wenn dieser dann veröffetlicht wird bekommen wir Ärger mit den Bestandskunden, die wollen dann auch diesen Preis haben. Preise sind Vertragsinhalte, diese öffentlich zu machen ist für uns geschäftsschädigend. Generelle Infos Ok, aber keine Zahlen.
K9-5	IP 10	Es ist unverständlich wer was bekommt bei AdSense. Auch das mit dem TKP ist nicht so richtig darstellbar. Im Prinzip ist man von denen abhängig. Es wäre schon interessant wenn wir wissen würden wie viel die einbehalten.

Tab. C-20: Transkription der qualitativen Befragung für Leistungsparameter K9

D Literatur

Akao, Yoji (1992): Quality function deployment - QFD. Wie die Japaner Kundenwünsche in Qualität umsetzen. Landsberg/Lech: Verl. Moderne Industrie.

Albers, Sönke/Ratschow, Olaf (2001): Vermarktung von Industriegütern im Zeitalter elektronischer Medien. 1. Auflage. Wiesbaden: Bernd Eggers/Gerrit Hoppen, Strategisches E-Commerce-Management. Erfolgsfaktoren für die Real Economy, 45–71

Anderson, Chris (2007): The Long Tail - Der lange Schwanz. Nischenprodukte statt Massenmarkt. Das Geschäft der Zukunft. 1. Auflage. Hanser Wirtschaft.

Ansari, Asim/Mela, Carl F. (2003): E-Customization. Journal of Marketing Research, 40 Nr. 2, 131–145

Bartikowski, Boris (2001): Kundenzufriedenheit: Entwicklung und Validierung eines Verfahrens zur Messung der Indifferenzzone. Dissertation, Wirtschaftswissenschaftliche Fakultät der Universität Augsburg, Augsburg.

Bauer, H. H./Hammerschmidt, M./Garde, U. (2007): Messung der Werbeeffizienz. Eine Untersuchung am Beispiel von Online-Werbung. Universität Mannheim. Wissenschaftliches Arbeitspapier W078.

Bauer, Hans H./Hammerschmidt, Maik (2004): Kundenzufriedenheit und Kundenbindung bei Internet-Portalen - Eine kausalanalytische Studie. München: Hans H. Bauer/Jürgen Rösger/Marcus M. Neumann, Konsumentenverhalten im Internet. Verlag Franz Vahlen, 189–214

Behling, O./Labovitz, G./Kosmo, R. (1968): The Herzberg controversy: A critical reappraisal. Academy of Management Journal, 11, 99–108

Berger, C. et al. (1993): Kanos methods for understanding customer-defined quality. Center for Quality Management Journal, Fall Nr. 4, 3–36

Beutin, Nikolas (2000): Kundennutzen in industriellen Geschäftsbeziehungen. Wiesbaden: Hans H. Bauer/ Christian Homburg, Deutscher Universitäts-Verlag. Gabler Edition Wissenschaft. Schriftenreihe des Instituts für Marktorientierte Unternehmensführung (IMU) Universität Mannheim.

Beutin, Nikolas (2001): Verfahren zur Messung der Kundenzufriedenheit im Überblick. 4. Auflage. Wiesbaden: Prof. Dr. Christian Homburg, Kundenzufriedenheit. Konzepte - Methoden - Erfahrungen, 89–122

Böing, Christian (2001): Erfolgsfaktoren im Business-to-Consumer-E-Commerce. Band 1, Gabler.

Booz-Allen-Hamilton (2003): 10 Erfolgsfaktoren im e-business. Die Strategien der Gewinner. Eine Analyse neuer Geschäftsansätze im Internet.

Borgs, Christian et al. (2007): Dynamics of bid optimization in online advertisement auctions. Microsoft research.

Breithaupt, Hans-Friedrich (2005): Dienstleistungen im Internet und Ihre Qualität aus Kundensicht. Wiesbaden: Werner Hans Engelhardt/Sabine Fließ/Michael Kleinaltenkamp/Anton Meyer/Hans Mühlbacher/Bernd Strauss/Herbert Woratschek, Deutscher Universitäts Verlag. Gabler Edition Wissenschaft.

Bruce Judson, Kate Kelly (2000): E-Commerce - Elf Siegerstrategien für den Hyperwettbewerb. Band 3, MI.

Bui, Alain et al. (2005): Innovative Internet Community Systems - 5th International Workshop. 5. Auflage. Springer.

Bulow, Jeremy/Klemperer, Paul (1996): Auctions versus negotiations. American Economic Review, 86 Nr. 1, 180–194

Burke, R. J. (1966): Are Herzbergs motivators and hygienes unidimensional? Journal of Applied Psychologie, 50, 317–321

Buzzell, Robert D./Gale, Bradley T. (1989): Das PIMS-Programm. Gabler.

Condon, C. (1999): eCommerce: The Critical Success Factors. Leipzig.

Conklin, Michael/Powaga, Ken/Lipovetsky, Stan (2004): Customer satisfaction analysis: Identification of key drivers. European Journal of Operational Research, 154, 819–827

Croft, Martin (2007): Behavioural targeting – it could be the holy grail of online advertising. Marketing Week, 30 Nr. 13, 36–37

Dai, Shij/Piron, Francis (2002): Advertising agencies and advertisers' perceptions of internet advertising. International Journal of Advertising, 21 Nr. 3, 381–397

Drucker, Peter F. (1954): The Practice of Management. New York.

Economist, The (2006a): Trouble clicks. The Economist, 11 ⟨URL: http://www.economist.com/business/displaystory.cfm?story_id=8320522⟩ – Zugriff am 16.08.2007.

Economist, The (2006b): Truth in advertising, Click fraud poses a threat to the boom in internet advertising. The Economist, 11 ⟨URL: http://www.economist.com/opinion/displaystory.cfm?story_id=8319505⟩ – Zugriff am 02.06.2007.

Findix (2007): Findix - Kleinanzeigen Deutschland. ⟨URL: http://www.findix.com⟩ – Zugriff am 10.08.2007.

Forkan, Jim (2000): Mayers sees Potential in Online Ad Exchanges. Multichannel News, 1, 66

Forkan, Jim (2001): Online Ad Exchanges Face Battle. Multichannel News, 1, 57

Friedlander, F. (1964): Job characteristics as satisfiers and dissatisfiers. Journal of Applied Psychologie, 48, 388–392

Gerpott, Torsten J./Rams, Wolfgang (2000): Kundenbindung, -loyalität und -zufriedenheit im deutschen Mobilfunkmarkt. Ergebnisse einer empirischen Studie. Die Betriebswirtschaft, 6, 738–755

GLOBOsapiens (2005): GLOBOsapiens - Travel Community. ⟨URL: http://www.globosapiens.net⟩ – Zugriff am 01.08.2005.

Günter, Bernd (2001): Beschwerdemanagement als Schlüssel zur Kundenzufriedenheit. 4. Auflage. Wiesbaden: Prof. Dr. Christian Homburg, Kundenzufriedenheit. Konzepte - Methoden - Erfahrungen, 259–279

Guth, Robert A./Delaney, Kevin J. (2007): Selling Web Advertising Space Like Pork Bellies. The Wall Street Journal, 249 Nr. 124, B1–B3

Hack, Stefan (2001): Optimierung der Wertschöpfungskette durch Collaborative Business Scenarios. 1. Auflage. Wiesbaden: Bernd Eggers/Gerrit Hoppen, Strategisches E-Commerce-Management. Erfolgsfaktoren für die Real Economy, 95–124

Hagel, J./Sacconaghi, A. (1996): Who will benefit from virtual information? McKinsey Quarterly, Nr. 3, 23–27

Hauser, J. R./Clausing, D. (1988): The house of quality. Harvard Business Review, 1, 63–73

Heger, Dominik K. (2003): Nachhaltige Wettbewerbsvorteile in der Net Economy. Die Rolle von Handelsintermediären im B-to-B Electronic Commerce. 1. Auflage. Wiesbaden: Arnold Picot/Ralf Reichwald/Egon Franck, Deutscher Universitätsverlag. Gabler Edition Wissenschaft.

Heide, Jan B./Weiss, Allen M. (1995): Vendor Consideration and Switching Behavior for Buyers in High-Technology Markets. Journal of Marketing, 59, 30–43

Heilmann, Klaus R. (2002): Erfolgsfaktoren von Wertpapierbörsen im internationalen Wettbewerb. 1. Auflage. Wiesbaden: Wolfgang Becker/Jürgen Weber, Deutscher Universitäts-Verlag. Gabler Edition Wissenschaft.

Herzberg, Frederick/Mausner, Bernard/Snyderman, Barbara B. (1959): The motivation to work. 2. Auflage. New York: Wiley.

Homburg, Christian/Faßnacht, M. (2000): Operationalisierung von Kundenzufriedenheit und Kundenbindung. 3. Auflage. Wiesbaden: M. Bruhn / Christian Homburg, Handbuch Kundenbindungsmanagement, 502–528

Homburg, Christian/Giering, Annette/Hentschel, Frederike (1999): Der Zusammenhang zwischen Kundenzufriedenheit und Kundenbindung. Die Betriebswirtschaft, 59, 174–195

Homburg, Christian/Schneider, Janna/Schäfer, Heiko (2001): Sales Excellence: Vertriebsmanagement mit System. Wiesbaden: Gabler.

Homburg, Christian/Stock, Ruth (2001): Theoretische Perspektiven zur Kundenzufriedenheit. 4. Auflage. Wiesbaden: Prof. Dr. Christian Homburg, Kundenzufriedenheit. Konzepte - Methoden - Erfahrungen, 17–50

Hotchkiss, Gord (2003): Inside the Mind of the Searcher. Enquirio Research.

Huber, Martin (2004): Kollaborative Wertschöpfung. Kundenaktivitäten als Basis neuer Wertschöpfungskonstellationen für E-Services. Dissertation, Wiesbaden.

Jackson, Barbara B. (1985): Winning and Keeping Industrial Customers. Lexington, MA: Lexington Books.

Jenkins, Caroline (2001): Online Ad Exchanges Struggle for Traction. Folio: The Magazine for Magazine Management, 30 Nr. 10, 17

J.Peters, Tom/Waterman, Robert H. (2006): Auf der Suche nach Spitzenleistungen. Was man von den bestgeführten US-Unternehmen lernen kann. Heidelberg: Redline Wirtschaft, McKinsey Classics.

Kaiser, Marc-Oliver (2005): Erfolgsfaktor Kundenzufriedenheit. Dimensionen und Messmöglichkeiten. 2. Auflage. Berlin: Erich Schmidt Verlag.

Kaiser, Marc-Oliver (2006): Kundenzufriedenheit kompakt. Leitfaden für dauerhafte Wettbewerbsvorteile. 1. Auflage. Berlin: Erich Schmidt Verlag.

Kano, Noriaki (1984): Attractive quality and must-be quality. The Journal of the Japanese Society for Quality Control,, 39–48

Kaplan, David (2007): Ad Exchange Market Gets More Crowded But Future Still Uncertain. ⟨URL: http://www.paidcontent.org/entry/419-draft-as-the-market-becomes-more-crowded-online-ad-exchanges-take-on-pr/⟩ – Zugriff am 01.06.2007.

Kessler, Sheila (1996): Measuring and Managing Customer Satisfaction: Going for the Gold. New York: ASQC/Quality Press.

Kirchhoff, Sabine et al. (2003): Der Fragebogen. Datenbasis. Konstruktion. Auswertung. Leske + Budrich.

Klaassen, Abbey (2007a): Media Morph: Online ad exchanges. Advertising Age, 78 Nr. 15, 36

Klaassen, Abbey (2007b): The Right Media Mastermind. Advertising Age, 78 Nr. 20, 38

Klein, Stefan (2000): Online-Auktionen. 3. Auflage. Wiesbaden: Friedhelm Bliemel/Georg Fassott/Axel Theobald, Electronic Commerce. Herausforderungen - Anwendungen - Perspektiven. Gabler, 443–457

Kleindl, Michael/Theobald, Axel (2000): Werbung im Internet. 3. Auflage. Wiesbaden: Friedhelm Bliemel/Georg Fassott/Axel Theobald, Electronic Commerce. Herausforderungen - Anwendungen - Perspektiven. Gabler, 259–273

Kollmann, Tobias (2000): Elektronische Marktplätze - Die Notwendigkeit eines bilateralen One to One-Marketingansatzes. 3. Auflage. Wiesbaden: Friedhelm Bliemel/Georg Fassott/Axel Theobald, Electronic Commerce. Herausforderungen - Anwendungen - Perspektiven. Gabler, 123–144

Korb, Jasmin C. (2000): Kaufprozesse im Electronic Commerce. Einflüsse veränderter Kundenbedürfnisse auf die Gestaltung. Wiesbaden: Arnold Picot/Ralf Reichwald/Egon Frank, Gabler Edition Wissenschaft.

Kotler, Philip/Keller, Kevin L. (2006): Marketing Management. 12. Auflage. Upper Saddle River: Pearson.

Kroiß, Andreas (2003): Erfolgsfaktoren von Internet-Start-Ups. Eine empirische Untersuchung originärer deutscher Unternehmensgründungen nach Wachstumsphasen und Internet-Anbietersegmenten. 1. Auflage. Hamburg: Verlag Dr. Kovac.

Kuo, Ying-Feng (2003): A study on service quality of virtual community Web sites. Total Quality Management & Business Excellence, 14 Nr. 4, 461

Kuo, Ying-Feng (2004): Integrating the Kano-Model into Web-community Service Quality. Total Quality Management, 15, 925–939

Lammenett, Erwin (2006): Praxiswissen Online-Marketing. Affiliate- und E-Mail-Marketing, Keyword-Advertising, Online-Werbung, Suchmaschinen-Optimierung. Band 1, 1. Auflage. Wiesbaden: Gabler.

Lammerskötter, Dirk/Klein, Stefan (2001): Neuere Entwicklungen auf elektronischen Märkten: Strategische Herausforderungen des E-Commerce. 1. Auflage. Wiesbaden: Bernd Eggers/Gerrit Hoppen, Strategisches E-Commerce-Management. Erfolgsfaktoren für die Real Economy, 45–71

Lamprecht, Christian/Gömann, Steffen (1997): Erfolgsfaktoren der Marketingkommunikation in Online-Medien. Band 60, Nürnberg.: Universität Erlangen-Nürnberg.

Lämmle, Guido (2003): Möglichkeiten der Anwendung von Quality Funktion Deployment und Zielkostenmanagement am Beispiel von E-Business-Projekten. Dissertation, Universität der Bundeswehr München. Fakultät für Wirtschafts- und Organisationswissenschaften.

Lohse, Christoph (2002): Online Communities - Ökonomik und Gestaltungskonzepte für Geschäftsmodelle. Dissertation

Luk, Sherriff T. K./Chan, Wesley P. S./Li, Esther L. Y. (2002): The Content of Internet Advertisements and its Impact on Awareness and Selling Performance. Journal of Marketing Management,, 693–719

Magerhans, Alexander (2000): Kundenzufriedenheit im Electronic Commerce. Göttingen: Prof. Dr. G. Silberer, Beiträge zur Marketingwissenschaft.

Manchanda, Puneet D. et al. (2006): The Effect of Banner Advertising on Internet Purchasing. Journal of Marketing Research, 43 Nr. 1, 98–108

Mandese, Joe (2006): Throw Out the Paperwork - Ad industry pushes for electronic trading of media buys. Broadcasting & Cable, ⟨URL: http://www.broadcastingcable.com/article/CA6306789.html⟩ – Zugriff am 02.06.2007.

Marh, James G./Sutton, Robert I. (1997): Organizational performance as a dependent variable. Organization Science 6.

Maslow, Abraham H. (1943): A theory of human motivation. Psychological Review, 370–396

Matzler, Kurt et al. (1996): How to delight your customers. Journal of Product & Brand Management 5 Nr. 2.

McKinney, Vicki/Yoon, Kanghyun/Zahedi, Fatemeh (2002): The Measurement of Web-Customer Satisfaction: An Expectation and Disconfirmation Approach. Information Systems Research, 13 Nr. 3, 296–315

Meffert, Heribert/Bolz, Joachim (1998): Internationales Marketing-Management. 3. Auflage. Stuttgart Berlin Köln: Prof. Dr. Richard Köhler/ Prof. Dr. Dr. h.c. Heribert Meffert, Kohlhammer Edition Marketing.

Mühlenbeck, Frank/Skibicki, Klemens (2007): Community Marketing Management. Wie man Online-Communities im Internet-Zeitalter des Web 2.0 zum Erfolg führt. 1. Auflage. Hamburg: Books on Demand GmbH.

Misoch, Sabina (2006): Online-Kommunikation. Konstanz: UVK Verlagsgesellschaft.

Moranz, Claudia (2004): Vertrauen bilden auf Community-Plattformen: Evaluation der Unternehmer TUM-Community. Diplomarbeit, Technische Universität München.

Moriarty, Rowland T./Kosnik, Thomas J. (1989): High-Tech Marketing: Concepts, Continuity, and Change. Sloan Management Review, 30, 7–17

Nicolai, Alexander/Kieser, Alfred (2002): Trotz eklatanter Erfolglosigkeit: Die Erfolgsfaktorenforschung weiter auf Erfolgskurs. Die Betriebswirtschaft, 6, 579–596

Nielsen-Media-Research (2006): Online-Werbestatistik 1. Halbjahr 2006. ⟨URL: http://www.nielsen.com⟩ – Zugriff am 26.01.2007.

Oehler, Andreas/Unser, Matthias (1998): Market Transparency and Call Markets. Bank- und Finanzwirtschaftliche Forschung (BAFIFO) 6.

Oh, Wonseok/Lucas, Henry C. (2006): Information Technology and pricing decisions: Price adjustments in online computer markets. MIS Quarterly, 30, 755–775

Oliver, Richard L. (1996): Satisfaction: A Behavioral Perspective on the Consumer. New York: McGraw-Hill College.

OVK (2007): Zahlen und Trends im Überblick. Online-Report 2007/01.

Owens, Jennifer (2000): Web-Ad Exchange Program Debuts. Adweek New England Edition, 37 Nr. 33, 39

Pecha, Roman (2004): Externe Geschäftsmodellanalyse bei E-Business Unternehmen. Eine empirische Analyse. Band 26, EUL Verlag. Electronic Commerce. Norbert Szyperski/ Beat F. Schmid/ August-Wilhelm Scheer/ Günther Pernui/ Stefan Klein.

Picot, Arnold/Heger, Dominik/Frank, E. (2002): Organisation - Eine ökonomische Perspektive. 3. Auflage. Stuttgart: Schäfer-Pöschel.

Picot, Arnold/Neuburger, Rahild (2001): Grundsätze und Leitlinien der Internet-Ökonomie. 1. Auflage. Bernd Eggers/Gerrit Hoppen, Strategisches E-Commerce-Management. Erfolgsfaktoren für die Real Economy, 23–71

Pindyck, Robert S./Rubinfeld, Daniel L. (2005): Mikroökonomie. 6. Auflage. Pearson.

Pispers, Ralf/Riehl, Stefan (1997): Digital Marketing. Funktionsweisen, Einsatzmöglichkeiten und Erfolgsfaktoren multimedialer Systeme. 1. Auflage. Bonn: Addison-Wesley-Longmann.

Pucko, Walter Andreas (2002): Konzeption und Realisierung einer Internet Community. Diplomarbeit, Hochschule der Medien.

Rapp, Reinhold (1995): Kundenzufriedenheit durch Servicequalität. Konzeption - Messung - Umsetzung. Wiesbaden: Deutscher Universitätsverlag. Gabler Edition Wissenschaft.

Reichheld, F./Aspinall, K. (1993): Building High-Loaylty Business Systems. Journal of Retailing, 15 Nr. 4, 26–34

Reichwald, Ralf/Piller, Frank (2006): Interaktive Wertschöpfung. Open Innovation, Individualisierung und neue Formen der Arbeitsteilung. 1. Auflage. Wiesbaden: Gabler.

Revelle, Jack B./Moran, John W./Cox, Charles A. (1998): The QFD Handbook. 1. Auflage. New York: John Wiley & Sons Inc.

Reznolds, Mike (2006): Online Ad Exchange Faces Logistical Hurdles. eBay's 'Media Marketplace' Initiative May Need Safeguards. Multichannel News, 1, 2

Rizk-Antonious, Rita (2002): Qaulitätswahrnehmung aus Kundensicht. Beim Kunden besser ankommen - Konzepte und Praxisbeispiele aus 5 Branchen. 1. Auflage. Wiesbaden: Gabler.

Rötzer, Florian (2007): Lauschangriff auf Internetbenutzer. Telepolis, ⟨URL: http://www.heise.de/tp/r4/artikel/25/25352/1.html⟩ – Zugriff am 20.05.2007.

Sarkar, Mitra Barun/Butler, Brian/Steinfield, Charles (1995): Intermediaries and Cybermediaries: A Continuing Role for Mediating Players in the Electronic Marketplace. Journal of Computer-Mediated Communication (JCMC) 3.

Sauerwein (2000): Das Kano-Modell der Kundenzufriedenheit. Reliabilität und Validität einer Methode zur Klassifizierung von Produkteigenschaften. Deutscher Universitäts-Verlag. Gabler Edition Wissenschaft.

Scharnbacher, Prof Dr. Kurt/Kiefer, Guido (2003): Kundenzufriedenheit. Analyse, Messbarkeit und Zertifizierung. 3. Auflage. München: Prof. Dr. Dietmar Dorn/Prof. Dr. Rainer Fischbach, Oldenbourg - Managementwissen für Studium und Praxis.

Schäfers, Björn/Hundacker, Stefan (2000): Erfolgsfaktoren von Internetauktionshäusern. Jahrbuch der Absatz und Verbrauchsvorschung, 1, 90–104

Schöllkopf, Jochen (2007): Presseinformation: Internetnutzung in Deutschland legt weiter zu. TNS Infratest (N)ONLINER Atlas, 1, 1–4

Schmidt, Holger (2007a): Börse Connect soll Online-Werbung mehr Schub geben. Unternehmen können Reichweiten verknüpfen. Frankfurter Allgemeine Zeitung, 66, 19

Schmidt, Holger (2007b): Erntezeit in der Online-Werbung. Frankfurter Allgemeinen Zeitung, 125, 13

Schneider, Prof. Dr. Dietram (2001): Success Resource Deployment. Produkt-, Geschäfts- und Unternehmensentwicklung jenseits von Quality Function Deployment. io management, 5, 18–27

Schrödter, Jörn (2002): Kundenbindung im Internet. 4. Auflage. Köln: Prof. Dr. Doris Kortus-Schultes, Mönchengladbach und Prof. Dr. Frank Victor, Gummersbach, EUL Verlag. Schriften zu Marketing und IT.

Schumann, Matthias/Greve-Kramer, Wolfgang (2001): Technische Plattformen zur Gestaltung von E-Commerce-Anwendungen. 1. Auflage. Wiesbaden: Bernd Eggers/Gerrit Hoppen, Strategisches E-Commerce-Management. Erfolgsfaktoren für die Real Economy, 163–186

Sloan, Paul (2007): The Quest for the Perfect Online Ad. Business 2.0 Magazine, 3 ⟨URL: http://money.cnn.com/magazines/business2/business2_archive/2007/03/01/8401043/index.htm⟩ – Zugriff am 01.06.2007.

Sohn, Dongyoung/Jee, Joonhyung (2005): Network structures of commercial portal sites. Implications for web advertising planning. International Journal of Advertising, 24 Nr. 4, 425–440

Steel, Emily (2007): Advertisings's Brave New World. The Wall Street Journal, 249 Nr. 122, B1–B3

Sutel, Seth (2007): Microsoft pays 6B US-Dollar for online ad company. Yahoo News, ⟨URL: http://biz.yahoo.com/ap/070518/microsoft_aquantive.html⟩ – Zugriff am 01.06.2007.

Szmigin, Isabelle/Reppel, Alexander E. (2004): Internet community bonding: the case of macnews.de. European Journal of Marketing, 38 Nr. 5/6, 626–640

Tan, K. C./Shen, X. X. (2000): Integrating Kanos model in the planning matrix of quality function deployment. Total Quality Management, 11 Nr. 8, 1141 – 1151

Tjaden, Gregor (2002): Erfolgsfaktoren Virtueller Unternehmen. Eine theoretische und empirische Untersuchung. Wiesbaden: Roland Berger Strategy Consultants - Academic Network, Deutscher Universitäts Verlag. Gabler Edition Wissenschaft.

Urban, Glen L/Sultan, Fareena/Quails, William J. (2000): Placing Trust at the Center of Your Internet Strategy. MIT Sloan Management Review, 42 Nr. 1, 39–48

Vranica, Suyanne (2007): EBay Ad-Sales Plan Gets Breath of Air From Oxygen. The Wall Street Journal, ⟨URL: http://online.wsj.com/article/SB118057440365019456.html⟩ – Zugriff am 01.06.2007.

Vulkan, Nir (2005): Elektronische Märkte. Strategien, Funktionsweisen und Erfolgsprinzipien. Band 1, Princeton: Princeton University Press.

Wahren, Heinz-Kurt (2004): Erfolgsfaktor Innovation. Ideen systematisch generieren, bewerten und umsetzen. Berlin, Heidelberg, New York: Springer Verlag.

Weiber, R./J.Adler (1995): Informationsökonomisch begründete Typologisierung von Kaufprozessen. Zeitschrift für betriebswirtschaftliche Forschung, 43, 43–65

Weinert, Ansfried B. (1992): Lehrbuch der Organisationspsychologie. Menschliches Verhalten in Organisationen. 3. Auflage. Weinheim: Psychologie Verlags Union.

Whitsett, D. A./Winslow, E. K. (1967): An analysis of studies critical of the motivator-hygiene theory. Personnel Psychology, 20, 391–415

Wiedemann, Georg (2001): Business und Consumer Communities. 1. Auflage. Wiesbaden: Bernd Eggers/Gerrit Hoppen, Strategisches E-Commerce-Management. Erfolgsfaktoren für die Real Economy, 219–234

Wirtz, Bernd W./Lihotzky, Nikolai (2003): Kundenbindungsmanagement bei Internet-Geschäftsmodellen - eine empirische Analyse. Zeitschrift für Betriebswirtschaft, 1, 31–52

Woodruff, Robert B./Cadotte, Ernest R./Jenkins, Roger L. (1983): Modeling Consumer Satisfaction Processes Using Experience-Based Norms. Journal of Marketing Research (JMR), 20 Nr. 3, 296–304

Zeithammer, Robert (2006): Forward Looking Bidding in Online Auctions. Journal of Marketing Research, XLIII, 462–476

Zerdick, Axel/Picot, Arnold (2001): Die Internet-Ökonomie - Strategien für die digitale Wirtschaft. 3. Auflage. Berlin, Heidelberg, New York: Springer.